中国物流促进法立法研究

施先亮　宋　光　著

北京交通大学出版社
·北京·

内 容 简 介

为实施交通强国战略、填补我国法律空白、推动国民经济高质量发展，需要建立一部能够促进我国物流业健康发展，维护各主体合法权益的物流促进法。本书从我国现代物流业的实际出发，梳理和总结了我国物流业及物流立法的现状与问题，分析了物流促进法建设的必要性，明确了物流促进法的核心内容，分析了物流促进法建设的可行性，并提出物流促进法建设工作的实施建议。本书内容从对物流立法工作的顶层设计角度为正式法案的起草和颁布提供重要依据，可作为我国物流业发展的法制基础。

本书可作为物流管理类专业与法学专业的教学参考用书，也适合物流业与法学界的从业者阅读。

图书在版编目（CIP）数据

中国物流促进法立法研究 / 施先亮，宋光著. —北京：北京交通大学出版社，2023.6

ISBN 978-7-5121-4963-2

Ⅰ. ① 中… Ⅱ. ① 施… ② 宋… Ⅲ. ① 物流管理-立法-研究-中国 Ⅳ. ① D922.290.4

中国国家版本馆 CIP 数据核字（2023）第 099195 号

中国物流促进法立法研究

ZHONGGUO WULIU CUJINFA LIFA YANJIU

责任编辑：田秀青

出版发行：北京交通大学出版社　　电话：010-51686414　　http://www.bjtup.com.cn

地　　址：北京市海淀区高梁桥斜街 44 号　　邮编：100044

印 刷 者：北京虎彩文化传播有限公司

经　　销：全国新华书店

开　　本：170 mm×235 mm　　印张：10.875　　字数：136 千字

版 印 次：2023 年 6 月第 1 版　　2023 年 6 月第 1 次印刷

定　　价：69.00 元

本书如有质量问题，请向北京交通大学出版社质监组反映。

投诉电话：010-51686043，51686008；传真：010-62225406；E-mail：press@bjtu.edu.cn。

前　言

“促进型立法”是政府为促进经济的发展，强化引导职能，以鼓励、倡导为主要方式而提出的一种事先性的法律规范。该类型的法律关注社会发展中的战略性、基础性、薄弱性及新兴产业、事业或者需要政府提供更大服务的领域。

我国现行物流法律法规体系是几十年来随着我国经济和物流业发展不断制定和完善而来的。近年来，由于政策、经济、互联网技术等客观环境的变化，物流业的新业态、新问题、新挑战层出不穷，以至于现有法律法规体系与行业本身不协调，出现了一系列的法律法规问题，例如部分业态存在法律空白、内容冲突、条款细节不够具体、监管困难、惩罚低效等。这些问题的根源在于现有的行业法律法规为传统立法，即为市场主体划定底线，未能指引发展方向引导市场主体发展，且法律内容更新迟滞，与行业发展严重脱节。

纵观发达国家物流业立法历程，许多国家为物流业制定了综合性法律，引导、鼓励、扶持物流市场主体的发展，摒弃不必要的标准限制，为行业长期蓬勃发展起到了积极的促进作用。同时，在分析我国现有的“促进型立法”后发现，物流业现存的行业法律法规问题及行业现状，与已颁布促进法的行业领域具有高度一致或相似的立法背景，物流业需要一部政府倡导的综合性法律为其发展保驾护航。因此，推动设立物流促进法十分迫切。

促进型立法是物流法律法规体系的新产物，此类法律有利于明确政府职责、解决物流行业现实纠纷，有利于保障市场主体和从业者的切身利益、推动产业协同发展，有利于保护个体和社会安全、推动绿色物流发展。因此，设立物流促进法对国家、行业、企业、个体均十分必要。同时，在过去二十年中，我国部分产业领域已完成促进型立法，积累了立法经验，促进法立法契机较为成熟。物流业自身长期重视法律法规建设，鼓励开展行业法治建设，市场主体对完善法律法规体系展示出迫切期待。因此，设立物流促进法在法理、政策、实践方面完全可行。

设立物流促进法是我国物流业法治工作的重要趋势，也是我国法治现代化的重要体现。然而，立法流程漫长，困难重重，需要相关行业组织、市场主体、研究机构共同合作，建立科学的合作机制、展开系统性研究、推动地方政府先行先试，共同努力推进物流促进法的立法工作。

本书的主要特点包括三方面。第一，为我国物流业立法做出顶层设计，具有较强的战略高度。本书从国家物流业宏观视角出发，提出物流业促进法将是我国物流业依法治理的基础和关键，分析我国物流业促进法的核心内容，起到作为相关立法工作的宏观指导作用。第二，结合新时代物流业现状和趋势，具有强烈的现实针对性。现有的关于我国物流业立法建设的政策建议，多数仅通过比较分析，借鉴发达国家的经验，从宏观层提出对策，而没有调查微观层的需求和问题，存在片面性。本书基于大量实证调查，提出我国物流业促进法的立法工作建议，以保证我国物流业促进法能够内容全面、形式规范。第三，物流管理与法学结合，具有鲜明的跨学科特点。本书充分考虑我国物流业现状、法律体系现状，以及发展趋势，将物流管理和法学结合，从立法与物流业发展动态协调发展的研究视角出发，探究我国物流业促进法的立法问题，充分体现出学科交叉融合的特点。

本书所涉及内容的研究，部分基于中国物流学会重大课题“我国物流促进法立法研究”，得到了我国诸多物流业专家的支持，凝聚了研究团队的集体智慧。本书的撰写与出版得到了北京交通大学国家经济安全预警工程北京实验室、北京交通大学出版基金的资助。在此，向在本书编写过程中做出贡献的所有领导、同事与同行们表示衷心的感谢。

著　者

2023 年 2 月

目　　录

第1章 研究概述

1.1 研究背景

目前，我国已成为全球物流超级大国。2022 年，全国社会物流总额达到 347.6 万亿元，社会物流总费用为 17.8 万亿元，物流业总收入为 12.7 万亿元，全年快递业务量完成 1 105.8 亿件。随着我国物流业的快速发展，行业相关利益者愈加意识到物流立法对物流业发展具有重要作用。自 2014 年 6 月在国务院常务会议上通过《物流业发展中长期规划》以来，国家众多政策文件中，如 2017 年 10 月国务院办公厅发布的《关于积极推进供应链创新与应用的指导意见》、2019 年 3 月国家发改委等部门联合发布的《关于推动物流高质量发展促进形成强大国内市场的意见》，均提及健全物流法律法规体系，抓紧研究制定修订物流业安全监管、交通运输管理和仓储管理等相关法律法规或部门规章，择机研究制定物流业促进方面的法律法规。2019 年 9 月中共中央、国务院印发的《交通强国建设纲要》强调坚持法制引领，完善法律法规体系及法律法规制定修订。可见，国家高度重视物流业立法。

推动物流业立法十分必要。物流业是国民经济的基础性、战略性、先导性产业，国家对物流业的治理决定了国民经济的有序发展。特别是在新发展阶段，为构建新发展格局，物流业法治建设为经济双循环保驾护航。当前，我国物流业的法治体系中，缺乏具有总体指导作用的行业促进法，导致相关法律法规存在内容空白、冲突等问题；政府和企业间的法律责任边界划分不明确，企业之间缺乏必要的法律调控和约束机制，对物流业造成了冲击。

推动物流业立法十分迫切。物流业在国民经济中具有举足轻重的作用，我国三次产业的发展，均需要物流业的支撑。特别是近几年，物流业已和金融、科技等行业深度融合，物流业态不断进化、物流商业模式不断创新。在此背景下，为保障物流业健康、长期发展，物流业立法工作愈加重要。相比之下，受物流业支撑、与物流业高度融合的各行业均已有明确的法律制度，比如食品行业、药品行业的管理法；金融业已建立内容较为完整的法律法规体系。物流业是国民经济的动脉，其立法工作远远落后相关行业，成为我国法律体系的空白，造成行业间法律失衡。因此，物流业立法工作进展整体依然缓慢，加快物流业立法迫在眉睫。

1.2 研究内容及思路

本研究结合物流业实践与法学视角，梳理我国行业促进型立法的历程，分析我国物流促进法的立法背景，研究设立物流促进法的必要性、可行性及立法原则与框架体系，并提出物流促进法立法工作的实施建议，研究思路如图 1.1 所示。

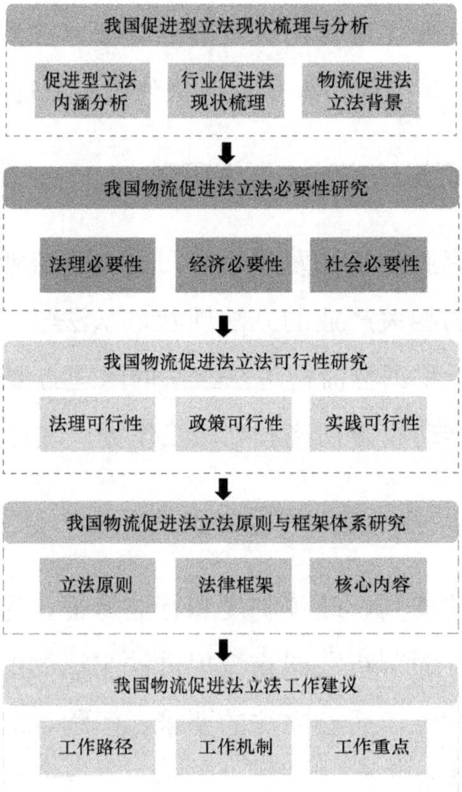

图 1.1　研究思路

物流促进法在我国是较为新颖的立法工作建议，虽然部门行业已颁布促进型法律，但在我国已有法律法规体系中，多数法律法规依然为传统的强制型法律，体现较为强烈的约束性。因为，本研究是一种对物流业促进型立法的探索性研究，旨在为后续启动物流促进法立法工作提供参考和依据。本研究重点内容如下。

1. 我国促进型立法现状梳理与分析

通过文献研究，梳理我国促进型立法的发展现状，对已颁布的行业促进法的框架结构、主要内容进行介绍，分析各行业促进法的立法背景，发现行业促进法与行业痛点、法律法规体系空白与不足之间的内在关系，并结合物流行业现状分析物流促进法的立法背景。

2. 我国物流促进法立法必要性研究

围绕我国物流业现状和发展趋势，结合物流业的政策环境，以及物流业所支撑的相关产业的立法现状，从法学、经济学、物流管理等不同角度分析我国物流促进法立法的法理必要性、经济必要性、社会必要性，为推动我国物流业立法工作提供理论依据。

3. 我国物流促进法立法可行性研究

结合我国立法规则、政策制度和行业特征，系统性地从法律、政策和实践三个方面剖析我国物流促进法立法的法理可行性、政策可行性、实践可行性，明确立法的要求、流程、难点，着重讨论我国物流促进法的落地问题。

4. 我国物流促进法立法原则与框架体系研究

根据我国建设法治社会的目标和基本原则，按照行业促进法的立法规则和特点，分析物流促进法的立法原则和框架体系，确定我国物流促进法的核心内容，为物流促进法的立法工作提供重要参考。

5. 我国物流促进法立法工作建议

针对物流促进法的立法建设进行总体规划，设计我国物流促进法的立法工作路径，分析立法工作中可能遇到的风险、来源和影响，并从组织方式、管理机制、政策支持等多角度提出立法工作的保障措施。

1.3　研究价值

本研究是我国物流促进法立法建设的前期研究，也是全国首个相关主题的研究，具有重要的启发价值。本研究对立法工作进行顶层设计，研究成果为正式法案的起草和颁布提供重要依据，能够成为我国物流业发展的法治基础，符合党中央全面推进依法治国的方针，具有极大的社会价值。

1. 建立物流促进法是物流业高质量发展的前提条件

当前，我国物流业发展不平衡不充分，推动物流业发展方式转变、结构优化和动力转换，是实现转型升级的主要思路。因此，通过制订有利于我国现代物流公平竞争、和谐发展的促进法，能够指导物流企业在法律环境下平等竞争、有序经营、规范管理。

2. 建立物流促进法是构建我国法治社会的重要组成部分

作为社会主义法律体系中的一部分，我国物流业相关法律的研究，应秉承“科学立法，严格执法，公正司法，全民守法”的方针政策，从整体上掌握物流促进法的内容及内在联系，推动我国物流业法律法规体系的健全和完善；同时进一步健全我国社会主义法律体系，牢固树立法治在国家和社会生活中的权威，坚持依法行政和公正司法，推进依法治国基本方略的贯彻落实。

3. 建立物流促进法是国民经济健康稳定发展的重要保障

发展现代物流业是深化供给侧结构性改革，增强经济发展内生动力，提升社会经济运行效率的迫切需要；是促进形成强大国内市场，构建现代化经济体系，实现国民经济高质量发展的内在要求。物流业的贡献不仅在于行业企业本身创造的税收、就业等，更在于支撑和促进区域内各相关产业产生更多的税收和就业，有力推动区域经济较快增长。物流业的法治建设有利于提高物流效率、降低物流成本、减轻资源和环境压力，有利于提升人民生活质量，支撑国民经济快速增长。

第 2 章　国内外研究综述

2.1　国内外物流法律法规体系研究

近几年随着我国经济社会的快速发展，物流业也经历了跨越性的发展与变革，达到了空前的规模。王健指出物流立法将促进物流业的发展，并为其提供保障。实现物流业发展是一个既迫切又比较困难的过程，需要有一部法律法规对物流业发展进行宏观指导；同时也需要政府相关部门抓紧制定出台配套措施、实施细则来弥补促进型物流法律法规不够具体、缺乏约束性的不足。虽然邹晓美认为我国现有法律法规在一定程度上，缓解了物流领域“法律空白”的状况，在物流领域方面基本做到了有法可依，对物流业健康发展起到了保驾护航的作用。但相较于发达国家，我国在立法规范物流行业这项工作上还做得很少，最终使我国相对滞后的物流立法制约了我国物流业的发展。

适应性方面，齐恩平、王立争指出我国关于仓储、包装、流通加工等环节的法律、法规和公约没有针对性，而且缺乏独立性，经常需要调整运输、贸易等的法律规范作为适用支撑，才能规范相关的物流活动；彭心认为中国目前大多的物流法律法规体系相对滞后，从而造成法律体系不能适应当前物流业发展的需要。例如，对于电子商务物流，现代信息技术不断地被应用到物流中去，改变了商品流通方式，从而凸显了当下物流产业立法缺失。

执行性方面，舒真和张长青认为，我国物流相关法律法规仅仅表现为由多个国家机关制定的，具有不同法律效力的规范性文件，其效力不高；李学强表示，由于现代物流是跨部门、跨地区、跨行业的复合型产业，并且其中与物流有关的职能分属于不同部门，因此物流法律法规从出台就面临分散和低效的问题；魏方认为，由于立法技术和水平的欠缺，我国现行的物流法规在形式上多为“办法”“条例”“通知”，甚至是内部规定等规章层级低的条目，导致其可操作性不强，执行效率不高，难以起到制约作用。

国外对于物流法律体系的构建起步早且相对成熟，目前关于物流法律法规的著述主要是从宏观、微观两个角度出发进行研究的。宏观方面，Kemp 指出物流法律法规体系的完善有助于提升物流行业的整体效率。微观方面，国外学者目前主要研究的方向有三个。第一，物流合同问题。Olander 从物流服务提供商的角度，讨论如何运用合同合法合理地解决物流业务过程中出现的问题。Spira 提出了物流合同完整的制定方式，从保险、承运人职责、货损等多方面进行定义。第二，物流业税收问题。Henkow 表示税收制度会影响物流业的发展，完善的物流法律体系不仅有利于物流业税收改革的顺利进行，对保障物流业良性发展也具有十分重要的意义。第三，物流业各具体环节中，对于现有物流法律法规的完善和调整建议。Norrman 通过调研揭示了物流操作中各个环节拥有不可调和的矛盾，并且物流法律法规影响各个操作环节。

国内许多学者对国外物流法律法规体系的发展进行了总结，并从中提取出适合我国国情的可取之处。孟琪通过分析美国物流法律法规体系的发展过程，了解到适应物流发展需求而及时调整物流政策使得物流法律法规体系具有良好的适应性，因此在制定政策过程中应制定直接的可操作的物流法律对物流业务各环节进行规范。夏锦文、刘正毓和周建敏在了解日本物流业发展后，提出我国在改善政策环境时应坚决制止行业保护、排除有碍公平竞争的垄断行为，并成立物流行业协会来阻止行业间的恶性竞争。孟琪在研究中发现，在多数发达国家，随着各国政治、经济和物流行业的发展变化，相应的物流法规也在随之变化，所以我国物流法规建设应及时做好法规的立、改、废工作，以避免滞后性。

2.2　我国物流立法问题研究

基于我国现行物流法律法规相对落后的现状，为促进物流业健康发展，我国已有学者分别从宏观、微观角度对我国物流业法律法规体系的存在问题进行探讨。为我们呈现了物流法律问题的复杂性，为深入了解物流法律问题提供了前期论证。

从整体角度出发，学者们总结了我国物流业法律法规体系尚不完善的地方。首先，苏彩、邹晓美和刘艳艳总结并发现，我国许多现行的物流法律法规是从计划经济时代延续下来的，其中不少条目已经不再适应当前物流发展的形势，因而缺乏时效性和实用性。然而，现行的法律法规是基于我国物流业发展的经验产物，具有一定的借鉴意义，因此不能一并否决，而应当去其糟粕取其精华。相悦丽、叶祥丽和乌玉洁通过相关领域的研究，指出应当确立一部系统的、针对性的、处于核心地位的调整物流业法律关系的部门法。然而，物流法理论中的基本问题都非一日之功。因此，与其统一立法之后的大修大补，不如先对物流业法律法规进行清理、修改、补充和整合，待万事俱备的时候再考虑是否制定统一的物流法。柳正江、李佳穗和汤晨彬等认为，随着现代物流衍生出更多的新业务、新问题，原有的物流业法律缺乏相应规章制度来对其进行规范，着实让人们看到了我国物流立法存在空白及盲点。

从具体角度出发，一些学者结合不同的环境、现实情况，研究了特定环境下的物流业法律法规体系存在的问题。例如，陈彬结合我国入世议定书及我国物流法律制度对 WTO 相关规定的吸收、采纳，对我国现行物流业法律制度在 WTO 体制下的不相符之处进行了总结，全面讨论了 WTO 体制对我国物流业法律制度发展的影响；陈梁等通过对比分析我国加入 WTO 前后中国国际海上货运代理业的法律法规变化，强调了中国在新的开放格局下应尽快借鉴美国在保护远洋承运人和海运方面的立法措施，唤起了人们对外商投资的重视；刘济澄等阐述信息时代对物流立法提出的新要求，揭示信息时代我国物流立法工作现状与问题，指出信息时代我国物流行业立法完善的趋势；尚建珊和李爱华认为在企业物流监管中，我国的行政割据问题极为严重，对企业物流的发展造成了严重的限制和阻碍。因此，我国只有对企业物流监管机构及部门进行合理的优化，将物流法律管理的标准有机统一起来，才能促进物流监管变革步伐的极大加快，同时还应该将全网物流配置体系积极构建起来，促进不同地区及物流途径之间合作的增强，从而促进物流运输效率的显著提升；王微、邓丹萱通过对物流业市场准入研究认为中国民用航空局的行政审批制度，在相当程度上制约了航空运输市场合理竞争格局的形成，不利于航空运输和物流服务行业整体服务水平的提升；孟于群分析了第三方物流经营人的法律身份及制定现代物流特别法的必要性与存在的困难，探讨了第三方物流纠纷的处理思路，为当下大热的第三方物流提供保障。国外学者研究侧重于微观层面，主要围绕建立第三方物流契约机制进行研究并取得丰硕成果。Leahy Steven E.等学者对美国排名靠前的 37 家第三方物流运营人进行调查后，站在物流服务提供者的角度，首次归纳出了影响第三方物流关系成功与否的 25 个重要的差异性因素。Boyson、Melvyn 均认为，40%以上的欧洲企业使用第三方物流 5 年以上，物流供需双方通过契约形成优势互补、风险共担的战略合作伙伴关系。然而上述研究成果对政府政策引导、信用机制保障等影响物流业发展的制度环境较少涉猎，更没有从完善法律制度的角度提出具体建议。德国学者赫克系统提出了民法内在体系和外在体系的划分，其实质与拉伦茨、萨维尼的法律体系的外部体系和内部体系如出一辙。

2.3　我国物流业法律法规体系架构研究

通过了解我国物流业法律法规发展的现状，分析其中存在的问题，才能全面的建设适合于我国国情和物流业发展业态的，与物流业完美衔接的法律法规体系架构。

物流业法律法规体系构建目标方面，李松庆认为我国物流业法律法规体系的构建目标定位如下：如何通过汇编修订现有法律和适当补充立法，疏通各单行法律规范之间的承接与递进关系，形成一个层次分明、结构严谨的物流法律法规框架，促进物流行为规范化和物流运作效率化。这比新立一部虽针对性强但大而全、空洞化的“物流法”更有益。很大程度上，他的观点代表了我国现代物流业对立法的需求现状。

物流业法律法规体系构建原则方面，物流业法律法规的基本原则是由物流法的法律精神、法律旨意中合乎逻辑的推演出来的，区别于其他法的基本原则。张长青、孙林认为物流立法必须具有广泛性、系统性、协调性、统一性。可以预见，如果物流立法和物流活动之间缺乏上述基本原则，就会松散甚至产生矛盾。李锐认为物流业法律法规必须体现节约资源、适应国情、增强透明度、弥补空白的原则。《牛津法律大辞典》指出法律构建原则是用来证立、整合、说明众多具体规则与法律适用活动的普遍性规范，它是高层次法律推论的权威性出发点。

物流业法律法规体系构建模式方面，胡志斌认为我国必须向存在一个牵头部门的情况下，其他部门各自管理的模式发展。总的方向应该是向相对集中管理的模式推进，发挥集中管理对物流业整体发展、创新和系统建设的作用。张永坚提出以海运为主导来整合其他各种运输方式的思路，指出以前的国际货物运输法研究的局限性在于对各种运输方式相对应的各法律体系的分割，今后应该将涉及货物运输方式的法律系统作为一个整体，从整体上研究和把握各种运输法律规范的共性，探讨用一种新的观念和视角，从全局出发在更高更超脱的层面上，开展一种全新的、整体性的研究。

构建内容方面，张新桥虽然借鉴了日本的经验后提出我国的物流业法律法规体系应当包含物流主体法、物流行为法、宏观调控法、物流标准法。但在借鉴发达国家经验时还应该具体问题具体分析，结合自身经验，避免原样照搬。国外的物流法律内容的研究主要集中于物流合同或提供物流服务的合同问题。比如 Atiyah、Schmitthoff 都对物流合同的特征进行归纳并分类、Casanova 的《运输法：合同规范》、Bocchini 的《供应合同与分销合同》，至今都没有任何关于物流宏观调控的法律思考。

第 3 章　我国物流业发展现状及问题

3.1　我国物流业发展现状

3.1.1　社会物流总额持续增长

2012—2022 年我国社会物流需求加快升级，物流市场规模不断扩大、结构升级提速。如图 3.1 所示，2022 年全国社会物流总额为 347.6 万亿元，按可比价格计算，同比增长 3.4%，物流市场规模仍持续增长。

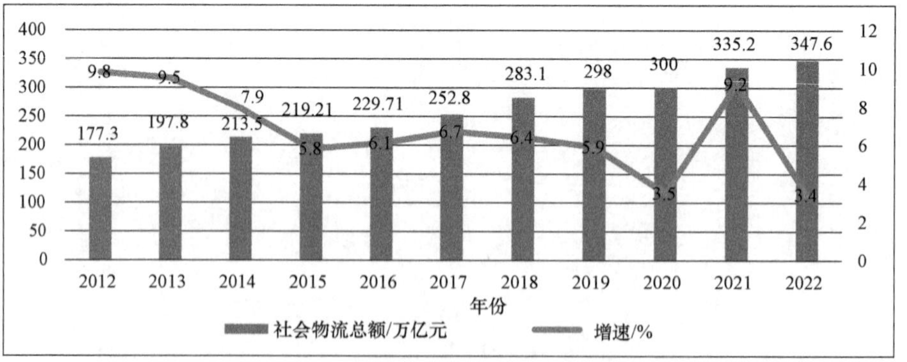

图 3.1　2012—2022 年我国社会物流总额及增速

（资料来源：交通运输行业发展统计公报。）

工业品物流作为社会物流的重要组成部分，其总额也在日益扩大。如图 3.2 所示，2012—2022 年我国工业品物流总额持续增长。2022 年工业品物流总额为 309.2 万亿元，按可比价格计算，同比增长 3.2%。

图 3.2　2012—2022 年我国工业品物流总额及增速

（资料来源：交通运输行业发展统计公报。）

另外，2022 年我国农产品物流总额为 5.3 万亿元，同比增长 4.1%；再生资源物流总额为 3.1 万亿元，同比增长 18.5%；单位与居民物品物流总额为 12.0 万亿元，同比增长 3.4%；进口货物物流总额为 18.1 万亿元，同比下降 4.6%。

3.1.2　物流市场增速放缓趋稳

2012—2022 年，我国物流市场增速呈放缓趋稳态势，物流业年总收入保持快速增长，增长速度呈现出先降后升，最后出现回落的趋势。如图 3.3 所示，2022 年物流业年总收入为 12.7 万亿元，同比增长 4.7%。

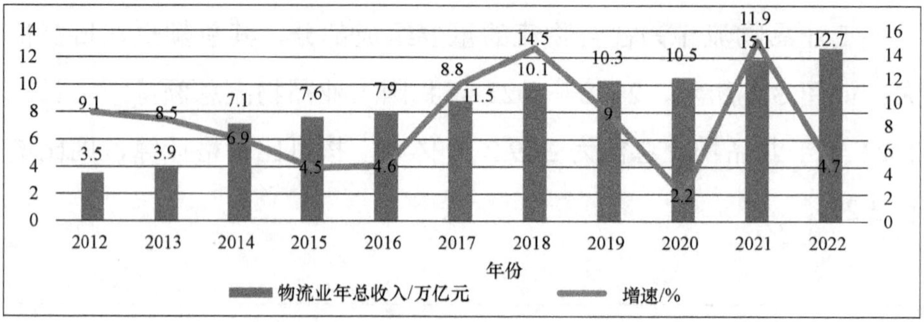

图 3.3　2012—2020 年我国物流业年总收入及增速

（资料来源：交通运输行业发展统计公报。）

从具体指标分析，货运量、货运周转量、快递业务量等主要物流指标均实现了增长，但增速有所放缓，如图 3.4、图 3.5、图 3.6 所示。2022 年，全年货物运输总量为 506.1 亿吨，货运周转量为 22.61 万亿吨公里，快递业务量为 1 105.8 亿件。

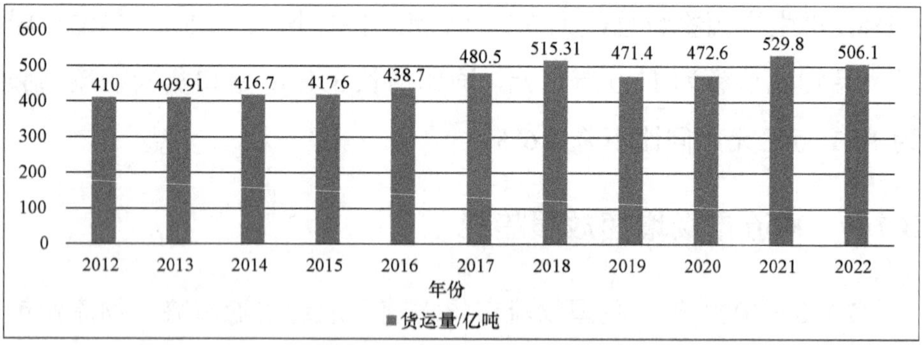

图 3.4　2012—2022 年我国货物运输总量

（资料来源：交通运输行业发展统计公报。）

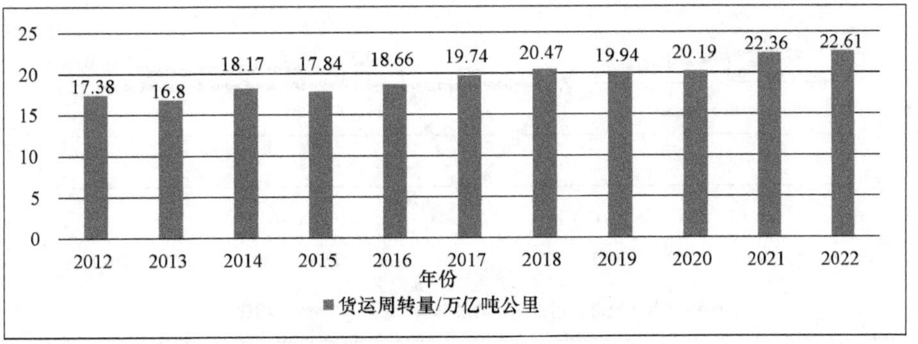

图 3.5　2012—2022 年我国货运周转量

（资料来源：交通运输行业发展统计公报。）

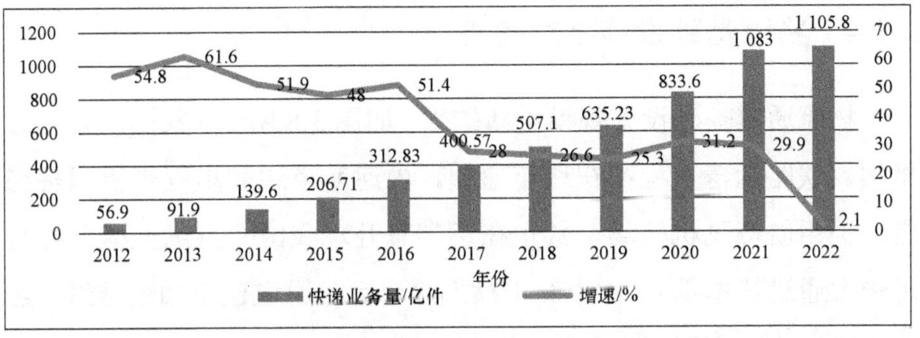

图 3.6　2012—2022 年我国快递业务量及增速

（资料来源：交通运输行业发展统计公报。）

3.1.3　降本增效作用已经显现

2012—2022 年，我国物流费用与 GDP 的比率总体呈现下降趋势，物流降本增效的成果已逐步显现。

如图 3.7 所示，2022 年社会物流总费用与 GDP 的比率为 14.7%，单位物流成本增速明显趋缓，说明我国整体的物流效率在逐渐提升。

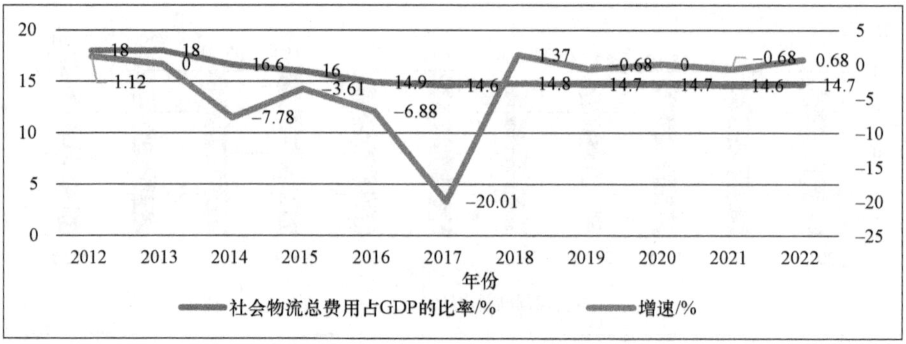

图 3.7　2012—2022 年社会物流总费用占 GDP 的比率及增速

（资料来源：中国物流信息中心网。）

3.1.4　物流基础设施不断完善

物流通道基础设施规模不断扩大。如图 3.8 所示，我国的公路总里程、铁路运营里程都在逐年增加，内河航道通航里程规模保持稳定，民用航班飞机机场个数也在逐年攀升。我国“五纵五横”综合运输大通道基本贯通，“十纵十横”综合运输通道建设加速推进，综合交通运输网络不断完善。

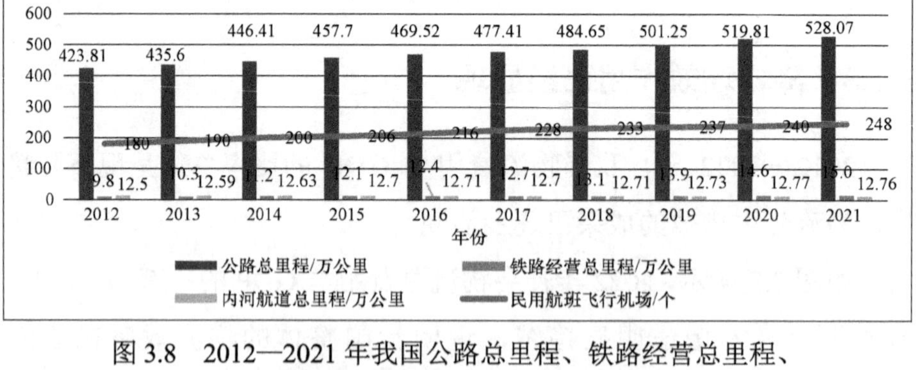

图 3.8　2012—2021 年我国公路总里程、铁路经营总里程、内河航道总里程、民用航班飞行机场

（资料来源：交通运输行业发展统计公报。）

物流节点基础设施总量持续增加，专业化物流园区建设继续推进。根据《第六次全国物流园区（基地）调查报告》（2022）显示，我国各类物流园区共计 2 553 家，比 2018 年的 1 638 家增长 55.9%。2019—2022 年，我国物流园区总数年均增长 11.7%。2022 年，我国营业性通用仓库面积约为 12 亿平方米，其中立体库约为 3.95 亿平方米。随着电子商务和大数据技术的发展，智慧仓库得到快速推广，机械化、自动化的立体仓库快速增长，仓储物流效率得到极大改善。

3.1.5　国际物流发展初见成效

物流企业纷纷围绕业务发展和国际物流服务业务链条延伸的需求，加大国际物流的投资，推进国际物流的发展，海外运营网络布局进一步完善。

在众多海外投资企业中，中央企业是国际物流发展的主力军。中国远洋海运集团境外物流产业集群 2019 年投资规模达 12.11 亿元，集团全球投资经营码头共 56 个，在“一带一路”沿线国家投资额达到 558 亿元；截至 2019 年，招商局集团有限公司物流板块拥有海外机构 73 家，遍布六大洲、覆盖 38 个国家和地区，在海外运营仓库 17 座，共 154 100 平方米；截至 2019 年，中储发展股份有限公司依托于亨利巴斯在亚洲、欧洲、北美洲 10 个国家 15 个城市管理 30 余个国际期货交割仓库。

3.1.6　物流产业政策持续发力

自“十一五”规划实施，特别是 2009 年国务院印发《物流业调整和振兴规划》以来，物流产业政策密集出台，政策红利持续发力。一是物流降本增效政策方面，近年来国务院多次发文推进物流降本增效，一批减税降费、简政放权、营商环境等政策措施陆续出台并得到落实，切实减轻了企业负担，增强了企业获得感。二是物流高质量发展政策方面，国务院及有关部门推动物流及道路货运、航运、邮政快递高质量发展，交通强国战略正式提出，物流业供给侧结构性改革进入新阶段。三是物流运输结构调整政策方面，国务院及有关部门先后发文，推动调整运输结构，减少公路货运量，增加铁路货运量，相关任务目标基本实现。四是物流枢纽和网络建设政策方面，物流基础设施网络建设战略地位得到提升，国家物流枢纽规划和布局建设启动，物流园区、货运场站、保税物流、冷链物流、城市配送、农村物流等物流基础设施得到政策支持。五是推进物流新技术、新模式、新业态政策方面，“互联网+”物流助力物流创新驱动，网络货运平台纳入行政许可范围，供应链创新与应用得到国家支持，服务型制造开展试点示范。六是绿色可持续物流政策方面，柴油车污染防治力度加大，老旧货车淘汰和限行范围扩大，新能源和清洁能源物流车受到政策支持，港口、机场、航空、航运、城市配送绿色化标准持续提高，节能环保抬升市场进入门槛。七是物流诚信体系建设政策方面，各部门加快出台物流细分领域诚信标准，部门间守信联合激励和失信联合惩戒机制逐步推进。八是物流治理相关政策方面，交通运输综合行政执法改革全面落地，超限超载联合执法得到落实，物流安全管理要求不断升级，行业治理能力稳步提升。

3.2　新时期物流业发展趋势

3.2.1　消费成为物流业发展重要驱动

消费升级与互联网革命推动了新零售业态的进一步发展，新零售业态的发展又推动了物流业的急剧变革，即开始由标准化的大宗物流转向个性化、快速响应市场的碎片化物流。2020 年新冠疫情加速了实体零售的转型，实体零售供应链与电商供应链进一步融合改造，实现了线上线下结合。生产制造端的库存逐渐向批发商、零售商转移，末端仓储需求增长，仓储周期越来越短。随着消费端的个性化和制造端的柔性化，带来的必然趋势就是物流的社会化。

3.2.2　技术进步引发智慧物流革命

新一轮技术革命深刻影响了物流业，成为传统产业转型升级、新兴业态创新驱动、物流行业新革命的强大引擎。区块链、5G、物联网、云计算、大数据、人工智能等新一代信息技术加快推广和普及，正在改变传统的物流组织模式和创新方式。无人机、无人车等智能装备使用场景的增多，大幅提升了劳动生产率和服务水平，传统劳动密集型行业面临着较大的冲击和机遇。智慧物流走向深入，借助物流新基础设施，领先企业积极推动物流数字化转型，带动中小物流企业全面触网，重塑物流运营模式和商业模式，深刻改变了传统的物流发展方式。

3.2.3 物流集约化成为行业新趋势

为了突破行业发展瓶颈，推动物流降本增效，集约化已经成为物流行业持续发展的一大趋势。打造集约智能共享物流体系，构建由分拨中心、社区配送中心组成的两级城乡公共物流配送设施体系，分拨中心与对外交通枢纽一体布局，社区配送中心依托各城乡社区服务中心布局，服务社区生产生活物资及快件集散；构建智能高效、集约共享的城市配送体系，大力发展统一配送、集中配送、共同配送等多种形式的集约化配送，加快发展共享物流、智慧供应链等新业态；探索“电商产业园+物流园”融合发展新模式，推动仓配一体化和共同配送，提高电子商务物流信息化发展、集约化建设。

3.2.4 绿色物流从理念落实到行动

2017 年，国家邮政局发布《快递业发展“十三五”规划》，旨在推进快递服务体系向高效、安全、绿色节能的方向发展。随后，发改委、商务部和邮政等部门研究在电商、快递、外卖等领域推行绿色物流、绿色包装的实施方案，绿色物流已成为未来物流行业发展的主基调。在这一大趋势下，物流企业开始利用大数据、物联网、新材料、新能源等技术对仓储、包装、运输和末端回收等各环节进行改造升级，推进绿色物流进程。

3.2.5 新冠疫情推动应急物流体系搭建

疫情使国家暴露出应急物资储备不足、生产滞后，物流运行不畅、冷链物流薄弱等问题。随着国内进入疫情常态化防控阶段，如何提高供应链应对突发事件的能力和水平，加强应急保障能力，成为 2020 年的全球热点话题。就物流方面，众多专家提出建设高效物联网体系和应急物联平台，建立应急物资储备和调配综合体系，而且就应急物资储备布局，应急物流优化，如何用区块链、5G、物联网、人工智能等先进技术，助力构建应急物流新体系等众多问题展开讨论。

3.2.6　供应链创新激发产业新动能

在经济转型升级和企业转型升级的大背景下，完善产业供应链体系，激发实体经济活力，在现代供应链领域培育新增长点、形成新动能已成为趋势。通过供应链创新，打通从前端设计、生产到最后消费的各个环节，实现供需匹配，重塑市场经济的血脉和神经，从而成为推进供给侧结构性改革的重要抓手；以供应链创新推动产业组织创新、协调技术创新和管理模式的创新，形成产业供应链互联网体系，拓宽产业边界，促进物流与农业、制造业和流通业的产业融合，形成经济增长新动能。

3.3　我国物流业法律法规现存问题

我国现行物流业法律法规体系是随着几十年来我国经济和物流业整体发展不断制订和完善而来的。物流业法律法规体系与物流业整体发展是否相称，决定了法律法规能否促进物流业的发展。近年来，由于政策、经济、互联网技术等客观环境的改变，我国物流业进入快速发展阶段，使得物流业出现很多新变化，以致现有法律法规规体系与行业本身产生了不协调的现象。

我国物流业法律法规体系现存的问题主要为以下五个方面：第一，内容空白问题；第二，内容适用问题，表现为法律、行政法规、部门规章、地方性法规在适用时滞后于行业发展；第三，内容冲突，包括法律之间的冲突、行政法规之间的冲突、部门规章之间的冲突，以及地方性法规之间的冲突；第四，监管困难；第五，惩罚低效。

3.3.1 内容空白问题

目前，我国物流业法律法规体系中存在的内容空白问题主要表现为：行业自身的管理方面，如行业内部规范等；行业发展中涌现出的新问题，如物流业中的计量标准、物流设施、物流作业和服务标准等方面目前还没有统一的法定标准，或缺少国家强制性标准，此问题直接导致了物流运营中业务活动衔接困难，难以和物流活动的国际标准接轨。

从宏观角度来看，物流业法律法规体系内容空白的原因如下：我国物流业缺少作为“基石”的行业基本法或起到龙头引领作用的行业促进法；一些热门、新兴业态存在法律空白；现行法律法规缺乏对细节的关注。

从微观角度来看物流业法律法规体系内容空白的原因如下：物流企业市场准入制度尚不完善；物流从业人员职业资质要求较低，甚至缺乏明确的资质要求；部分物流业态中挂靠经营主体；物流标准化不完善；应急物流缺乏法律保障。

法治环境不健全易造成物流市场竞争无序、有失公允，比如我国物流业的市场准入标准过低造成企业数量多、规模小，难以管理。

新兴物流业态的出现，在创造出巨大机遇的同时，也对物流业法治体系提出了考验。

3.3.2　内容适用问题

物流业具有发展迅速的特点，因此要求监管物流业的有关法律规范要具有较短的立法和修法周期，以适应物流业的上述特点。然而，我国存在的部分物流业监管法律体系仍保留着从原来计划经济中延续下来的“顽疾”，未必能够完全适应经济全球一体化的新型竞争环境，存在适用范围有误、规定内容过久及法律重叠等问题。

我国物流业法律法规体系中的内容适用问题，主要指相关法律法规在适用时落后于现实发展，具体表现为法律、行政法规、部门规章、地方性法规的滞后。这一问题在行业实践中导致了一系列不利影响。

第一，法律行为难以规则。一方面，由于我国法院系统包括普通人民法院、海事法院和铁路法院系统，物流行为归类的不同会导致其起诉的法院不同。另一方面，物流行为往往涉及多个环节，对物流业法律问题的责任归属判定、责任区间判定往往很难找到确凿证据。比如，托运人故意对运输货物信息申报不实，待收货人发现问题后，却将责任推诿给承运人。

第二，严重影响物流效率的提升。一方面，滞后于实际需求的法律法规无法推动物流企业的发展，导致物流效率偏低。另一方面，同一供应链上的企业各自为政，缺乏协同竞争的理念，忽略了供应链整体效益。各个部门或企业为了自身利益难以形成合力，导致物流资源分散、管理效率低下，严重妨碍了物流业的健康发展。

第三，阻碍了物流业整体发展。目前，我国物流业在新技术的推动下，新业态与新模式层出不穷。然而，快递业及第三方物流领域中的许多业态形式在现行法律法规中找不到具体适用，直接导致物流活动在新兴领域无法可依，出现混乱局面。此外，现代物流是跨部门、跨地区、跨行业的复合型产业，与物流有关的职能又分属于不同部门。而我国现行的物流业法律法规虽然内容涉及广泛，但是缺乏较为专业性的法规，各部门根据各自行业特点和部门利益制订规章，致使物流业法律法规分散，缺乏对物流主体行为必要的制约作用，因此难以对物流业健康发展形成很好的保护。

3.3.3 内容冲突问题

目前，我国的物流业尚未有一个明确的法律意义上的权属管理部门，在法律体系建设上缺少一个处于核心地位的法律规范，有关物流的法律规定缺乏系统性，各种法律法规之间甚至存在一定的不协调和冲突现象。我国物流业法律法规之间内容存在冲突，主要可分为法律之间的冲突、行政法规之间的冲突、部门规章之间的冲突、地方性法规之间的冲突。

物流业法律法规体系中内容冲突的问题会诱发企业投机行为。具体来说，当不同法律的条款对同一法律行为的解释产生冲突时，各法律之间不能实现内在逻辑的统一，企业将自行选择有利于自身利益的条款。这种投机性行为以牺牲客户正当利益为代价，损害公平正义原则。个案中缺失的公平正义尽管表面上损害的仅仅是涉案当事人，但个案的累积与发酵终将损害整个行业的长远发展。

物流业法律法规体系中内容冲突的问题还会导致执法效率不高。由于物流业所涉及的领域和环节众多，物流相关的法律规范分散于物流活动的各环节中。立法时，涉及交通、邮政、海关、工商等众多部门，造成法规众多而分散的局面。在没有统一领导的情况下，各部门在设立法规、执行法律法规时难免趋利避害，只关注自身得失而不考虑整体责任。此外，各政策的交叉、模糊，导致管理混乱、劳动保障严重缺失，使许多物流领域乱象丛生。

地方和部门产生分割是内容冲突而产生的又一影响。我国物流业法律法规体系中，相当一部分文件是各地区、各部门为了自身的发展和利益，出台的管理条例、规定、通知，在具体运用中缺乏普遍适用性，多数只适合作为物流主体进行物流活动的参照性依据，带有地方和部门分割色彩，不利于从宏观上引导物流业的发展，也缺乏对物流主体行为的必要制约，造成在物流某一环节无法形成统一的规定，形成了国内物流市场的区际壁垒，阻碍了国内统一物流市场的形成。

3.3.4　监管困难问题及影响

物流实践包括运输、存储、装卸搬运、包装、流通加工、配送、信息处理七大类活动，使物流业具有参与主体多、途径地域广、涉及领域广等特点。正是基于物流业上述特点，使我国物流监管的法律问题十分分散和烦琐，缺乏系统性，在行业监管中会出现不协调和冲突的情况。

缺乏统一的管理部门是造成行业监管困难的重要原因。物流活动中所涉及的领域以及环节较多，目前我国物流法律法规主要侧重于贸易、运输、仓储、流通加工等环节，并且涉及邮政、交通、工商、税务、海关等众多部门，形成多头分散的局面。加之部门间协调不够，没有统一的管理部署部门，在制订相关法规时各自为政，法规间缺乏统一性，导致各部门在对物流业进行监管时出现相互冲突的现象。

我国物流行业协会的社会地位不高，未起到行业监管的作用。我国对于物流业的监管并未设立统一管理部门，由国家多个部委和地方政府多部门共同负责，分别兼顾相关的物流活动领域，而物流行业协会并未起到行业监管的作用。虽然我国物流业的相关行业协会众多，但均缺乏权威性，普遍职能效用不足，对物流业的监管作用有限。

物流业由于法律法规体系中对行业监管的规定和要求不充分，会导致种种负面影响，如危害国家公共安全、企业与个人的经济财产受损、商业与个人信息泄露等。例如，在快递领域，物流标的物毁损、灭失风险越来越受到人们的关注。由于缺乏管制，快递业存在两种潜在的危害财产的方式：一是暴力分拣。工作人员缺乏素养却得不到有效监管，为了省时省力使用扔、甩等不规范的工作方式，暴力分拣甚至已经成为快递行业公开的秘密。二是监守自盗。快递外包装需要客户注明所投递货物的类别，有些工作人员通过外包装寻找价值高的包裹以谋取私利。再如，快递面单记录着单号以及发件人和收件人的姓名、手机号码、家庭地址等信息。一般来说，面单一式四份，发件人、收件人各一份，当地的快递营业厅一份，快递人员一份，若缺乏对信息安全方面的法规约束，很可能在源头处就增加了信息泄露的风险。

3.3.5　惩罚低效问题

我国物流业快速发展的同时，也面临物流业准入门槛低、行业秩序混乱和经营不规范等问题。但是我国目前对于物流业违法的处罚力度不合理，比如企业资质标准的空白引发无证企业大行其道，对整个物流业发展造成很大隐患。但目前相关法律中甚至没有对这种违法行为的处罚明确说明，导致“无证无照”经营，消费者权益受损，社会治安等问题频发。

惩罚低效问题带来的影响主要体现为物流从业人员不依法依规进行物流作业和管理活动，例如，驾驶员为了追求效率和收益，疲劳驾驶、超车超载、不按规定路线行驶。这些行为都是物流从业者出于对违法成本和自身收益的考量后，认为成本低于收益，才会进行违法违规活动，从而引发了社会安全问题。

物流业准入门槛低、行业秩序混乱、经营不规范等问题会导致物流公司携款“蒸发”。例如，个体运输经营户申请注册条件较低，经营资力明显不足，为鱼龙混杂的物流市场埋下潜在危机。一旦发生货物毁损或其他意外损失，个体运输经营户是没有清偿能力的，货运老板卷款而逃，且货主往往很难追回货款，只好自认倒霉，从而损害了客户权益。

第 4 章　我国促进型立法概述

4.1　促进型立法概述

4.1.1　促进型立法的内涵

促进型立法是政府为促进经济的发展，强化引导职能，以鼓励、倡导为主要方式而提出的一种事先性的法律规范。随着市场经济体制和法治国家战略的实施，通过法律促进经济社会发展越来越具有重要意义。

促进型立法在我国实践中逐渐发展，其名称中通常带有“促进”一词。促进型立法是政策的法定化，确定的是一种倡导或者鼓励。此外，促进型立法不具有强制性，对该类法律法规的违反没有承担不利法律后果的法律责任性规定，不涉及相应的制裁措施。

促进型立法关注的往往是社会整体发展过程中的薄弱产业、事业或者需要政府提供更大服务的领域。而在我国改革开放和经济发展到一定阶段之后，经济发展的巨大成就与社会事业发展不均衡的矛盾逐渐显现出来，经济发展带来的环境、人民群众身心健康、教育事业发展等问题开始凸显，社会发展的薄弱领域需要相应的法律制度推动和促进其发展，这种需求反映到立法上，也就带动了促进型立法的出现。

4.1.2　促进型立法的特征

促进型立法一般具有以下几个特征。

第一，从立法领域来看，促进型立法在经济、科技层面比重较大，政府为了拉动经济发展在立法计划中加入促进型立法，来鼓励引导企业大力发展经济。另外是教育和社会管理层面，通过促进型立法的奖励、扶持等手段，推进国家治理体系和治理能力现代化。

第二，从立法位阶来看，促进型立法不仅涉及法律、行政法规方面，还涉及法规规章方面，也就是说促进型立法既涵盖了中央立法又涵盖了地方立法。

第三，从立法内容来看，促进型立法是一种倡导性规范，通过倡导、鼓励等方式来推动某一领域或者某一事项的发展，从而实现制订促进型立法时所设定的发展目标。

第四，从立法形式来看，促进型立法在命名中一般都带有“促进”二字，如《中华人民共和国基本卫生与医疗促进法》。但是也有一些促进型立法在名称中例外，如国务院颁布的《全民健身条例》就是一部促进国民开展健身活动、提高全民健康水平的行政法规，属于典型的促进型立法，但其名称就没有带“促进”字样。

促进型立法作为一种新型立法，有效地适应了经济社会多元化发展和政府职能转变与管理创新的需要，是对传统管理型立法的重要补充。

4.1.3 促进型立法的分类

促进型立法中法律规范主要表现为以下几类。

一是激励扶持类规范。激励扶持类规范作为促进型立法的最典型表现形式，也是促进型立法促进作用发挥的主要依托，此类规范规定的激励扶持措施主要有资金扶持、税费减免、技术扶持、项目扶持、提供其他优惠条件，如通过降低市场准入门槛、简化审批程序、减少管理环节、提供便捷服务、减免相应责任等简政放权措施，为事业发展或某种社会秩序营造“宽而不松”的发展环境，促进或推动某项事业发展或某种社会秩序形成。

二是表彰奖励类规范。表彰奖励类规范就是以法律规范的形式明确对在某项工作中做出突出贡献的单位或者个人给予一定形式的物质或精神上的表彰与奖励。表彰、奖励因具有最为直观的示范带动作用，成为引导或促进某项事业发展或某种社会秩序形成的最基本、最直接的手段，因此，表彰奖励类规范是促进型立法最直接的表现形式。

三是宣示宣言类规范。宣示宣言类规范主要是对有关问题发展的政策取向或发展方向的重申，目的在于为事业发展主体树立信心，为事业的发展奠定基调。

四是道德提倡类规范。道德提倡类规范是将道德义务以法律规范的形式予以确认和重申，如《循环经济促进法》第十条规定：公民应当增强节约资源和保护环境意识，合理消费，节约资源。这类规范的主要目的是引导人们积极遵守家庭美德、职业道德和社会公德，鼓励和支持全社会共同参与和促进某项事业的发展或某种社会秩序的形成。

五是管理约束类规范。促进型立法的目的在于促进，但内容中也不完全是促进、提倡的内容，也有管理性、约束性条款。管理本身也是促进的一种手段，通过规范管理可以达到推动和促进某项事业发展或某种社会秩序形成的目的。

促进型立法中管理约束类规范集中体现在规范政府自身行为、提高政府公共服务水平、提升被促进对象的素质和发展水平、为被促进对象发展创造良好的外部环境方面。

4.1.4 促进型立法与管理型立法的区别

法律法规是道德底线，道德伦理又需要法治保障与引领。立法也就有了两大类型：管理禁止型与促进激励型。管理型立法重在解决“不能做什么”，促进型立法重在解决“应该做什么”。

在如今高速发展的社会，促进型立法作为一种新型立法形式应运而生，它不同于传统管理型立法的设范模式，在多元化的发展中对管理型立法进行补充，因此，本研究从立法的目的与原则、政府的角色定位、设范模式、调整手段、社会秩序的维护五个方面将促进型立法与管理型立法进行对比，以此来对促进型立法有更深的理解和认知（见表 4.1）。

表 4.1 促进型立法与管理型立法对比

	管理型立法	促进型立法
立法的目的与原则	设置禁止事项	指引、倡导

续表

	管理型立法	促进型立法
政府的角色定位	监管者	参与者
设范模式	传统的法律权利义务（责任）	具有前瞻性和可预见性
调整手段	法律规范，具有强制性	优惠、扶持政策以及表彰或者奖励措施
社会秩序的维护	政府干预	社会公众参与

4.1.5 促进型立法的法理价值

在法律的强制性功能方面，促进型立法与管理型立法有所不同，促进型立法更侧重于法律的指引性功能，对于强制性功能较少体现。对于现代法理学认为，法律有五大功能，即指引、评价、预测、教育、强制，不能因管理型立法过多强调法律的强制性功能而忽视法律的指引性功能，从而否定促进型立法的价值，促进型立法在国家法治建设和制度构建中发挥着极大的影响，也具有可研究的法理价值。

1. 促进型立法与管理型立法相辅相成，有利于推进国家治理体系和治理能力现代化

促进型立法因其“促进”的特色，其设置的法律条款也是以支持性和倡导性为主，通过将指引性的政策文件上升为立法保障，于政府而言，促进型立法能帮助政府运用法治思维的手段对公共事务进行管理，做到有法可依；于社会主体而言，促进型立法能够引导

社会主体去遵循社会秩序，实现社会预期。虽然管理型立法在人们的社会生活中起着不可替代的作用，规范了我们社会生活的各个部分，但是促进型立法也不是可有可无的，它在管理型立法不适用的领域发挥作用，例如，在国家经济发展的薄弱环节和弱势行业，管理型立法的手段则不适用，在这些领域需要促进型立法进行适当的调控、引导、鼓励、扶持，来解决因为发展的不均衡而造成的问题。

2. 促进型立法有利于滋养保障权利

促进型立法通过强调“服务型政府”为立法基础，鼓励社会公众的参与，为我国传统的管理型立法为主的法律体系增添了新的活力。如今，在大力倡导建设和谐社会的大背景下，促进型立法这种弱化政府监管、注重政府引导促进功能的特点更容易得到社会公众的接受，也能激发社会公众内心的积极性和自觉性，营造良好的“知法、懂法、守法、护法”的社会氛围，更有利于滋养法治精神，从而保障权利。

3. 促进型立法有利于巩固和维护秩序

在社会秩序的维护方面，管理型立法是通过政府干预的方式，而促进型立法强调的是社会公众参与的方式，将政府的干预与社会公众的参与有机结合起来，才能形成所谓“秩序”的整体。因此，促进型立法的在内容上以社会公众参与为主，再辅之以政府的有效干预，通过各种社会力量的参与来巩固和维护秩序。

4.2 我国促进型立法发展现状

目前国家层面制定的促进型立法见表 4.2。

表 4.2 我国各促进型立法

序号	名称	实施时间	最后修订时间
1	中华人民共和国清洁生产促进法	2002－06－29	2012－02－29
2	中华人民共和国中小企业促进法	2002－06－29	2017－09－01
3	中华人民共和国民办教育促进法	2012－12－28	2018－12－29
4	中华人民共和国农业机械化促进法	2004－06－25	2018－10－26
5	中华人民共和国就业促进法	2007－08－30	2015－04－24
6	中华人民共和国循环经济促进法	2008－08－29	2018－10－26
7	中华人民共和国电影产业促进法	2016－11－07	—
8	中华人民共和国基本医疗卫生与健康促进法	2019－12－28	—

4.2.1 中华人民共和国清洁生产促进法

为促进清洁生产，提高资源利用效率，减少和避免污染物的产生，保护和改善环境，保障人体健康，促进经济与社会可持续发展，我国制定了《中华人民共和国清洁生产促进法》。该法由中华人民共和国第九届全国人民代表大会常务委员会第二十八次会议于 2002 年 6 月 29 日通过，自 2003 年 1 月 1 日起施行。2012 年 2 月 29 日第十一届全国人民代表大会常务委员会第二十五次会议通过了《关于修改〈中华人民共和国清洁生产促进法〉的决定》，修正案自 2012 年 7 月 1 日起施行。

当今日益加重的环境污染与危害是严重影响中国及世界政治、经济、安全、生存的重大问题，推行清洁生产，解决环境压力已成为全球实现可持续发展的共同选择。我国颁布《中华人民共和国清洁生产促进法》，把经济和社会的可持续发展用法律形式加以固定，旨在通过明确工作职责、奖惩措施、法律责任等强化社会责任的履行，进而推动全社会从源头削减控制污染，提高资源利用效率，减少或者避免生产、服务和产品使用过程中污染物的产生和排放，保护和改善生态环境，促进经济与社会的可持续发展。

4.2.2　中华人民共和国中小企业促进法

为了改善中小企业经营环境，促进中小企业健康发展，扩大城乡就业，发挥中小企业在国民经济和社会发展中的重要作用我国制定了《中华人民共和国中小企业促进法》。2002 年 6 月 29 日该法由第九届全国人民代表大会常务委员会第二十八次会议于 2002 年 6 月 29 日通过，2017 年 9 月 1 日第十二届全国人民代表大会常务委员会第二十九次会议修订。

修订前的《中华人民共和国中小企业促进法》规定由国务院负责企业工作的部门对全国中小企业工作进行综合协调、指导和服务，随着近年来政府机构改革和职能调整，需进一步明确法律贯彻落实的责任主体，保障法律的有效组织实施。修订后的《中华人民共和国中小企业促进法》在国务院层面明确“国务院负责中小企业促进工作综合管理的部门组织实施促进中小企业发展政策，对中小企业促进工作进行宏观指导、综合协调和监督检查”，在地方层面规定“县级以上地方各级人民政府根据实际情况建立中小企业促进工作协调机制，明确相应的负责中小企业促进工作综合管理的部门，负责本行政区域内的中小企业促进工作”。县级以上地方各级人民政府根据实际情况明确负责的工作部门。而且本法规的修订版更进一步明确对中小企业的五大扶持促进措施（财税支持、融资促进、创新扶持、创业支持和市场开拓）。

4.2.3 中华人民共和国民办教育促进法

为实施科教兴国战略，促进民办教育事业的健康发展，维护民办学校和受教育者的合法权益，根据宪法和教育法我国制定了《中华人民共和国民办教育促进法》。该法由第九届全国人民代表大会常务委员会第三十一次会议于 2002 年 12 月 28 日通过，根据 2013 年 6 月 29 日第十二届全国人民代表大会常务委员会第三次会议《关于修改〈中华人民共和国文物保护法〉等十二部法律的决定》第一次修正；根据 2016 年 11 月 7 日第十二届全国人民代表大会常务委员会第二十四次会议《关于修改〈中华人民共和国民办教育促进法〉的决定》第二次修正；根据 2018 年 12 月 29 日第十三届全国人民代表大会常务委员会第七次会议《关于修改〈中华人民共和国劳动法〉等七部法律的决定》第三次修正。

本法规的核心是实施分类管理。实施分类管理，一是有利于破解民办教育发展瓶颈，使民办学校的法人属性、产权归属等方面存在的问题和矛盾，在法律层面得以澄清和解决；二是有利于按照民办学校的法人属性，分类落实财政、税收、土地等方面的扶持政策；三是有利于拓展民办教育发展空间。非营利性民办学校可以获得政府更多扶持，提高办学质量，培育一批高水平的民办学校；营利性民办学校利用市场机制，创新教育产品，增加教育供给。

4.2.4 中华人民共和国农业机械化促进法

为了鼓励、扶持农民和农业生产经营组织使用先进适用的农业机械，促进农业机械化，建设现代农业，我国制定了《中华人民共和国农业机械化促进法》。该法由第十届全国人民代表大会常务委员会第十次会议于 2004 年 6 月 25 日通过，共计八章三十五条，2004 年 11 月 1 日施行，2018 年 10 月 26 日修正。该法的内容涵盖科研开发、质量保障、推广使用、社会化服务、扶持措施和法律责任等内容。

为了更快提升农村经济，实现农村奔向小康的愿景，提升农业的生产水平是重要的手段之一，因此推进农业实行机械化生产是非常有必要的。在我国的农业生产中，如何提高农业机械化的水平，提升农业生产的效率，加强我国农业的国际竞争力，面对这一严峻的问题，本法规应运而生。该法的主体是农民和农业生产经营组织，为了促进其扩大农业机械的使用率，采取了一系列的立法扶持措施。该法的颁发调动了农民对农业机械化投入使用的积极性，有利于促进我国农业机械化的发展，提高我国农业生产，提升我国农业的国际竞争力。

4.2.5 中华人民共和国就业促进法

为促进就业，促进经济发展与扩大就业相协调，促进社会和谐稳定我国制定了《中华人民共和国就业促进法》，该法由第十届全国人民代表大会常务委员会第二十九次会议于2007年8月30日通过，共九章六十九条，2008年1月1日起施行，2015年4月24日修正。该法规的内容涵盖政策支持、公平就业、就业服务和管理、职业教育和培训、就业援助、监督检查和法律责任等内容。

为了切实解决劳动力供求总量矛盾和劳动力结构性矛盾突出的问题，充分发挥国家宏观经济社会政策在促进就业工作中的重要作用，该法规对促进就业的政策扶持作出了明确规定。该法建立了促进就业的长效机制。此外，还制定了有利于促进就业的金融政策、信贷政策、税收优惠政策，以及财政政策。为了加大保障公平就业力度，本法规还在法律责任一章中明确规定，劳动者受到就业歧视后，可以向人民法院提起诉讼。

该法加大了对困难群体的扶持力度。对于因身体状况、技能水平、家庭因素、失去土地等原因难以实现就业，以及连续失业一定时间仍未能实现就业的人员，就业促进法将其界定为就业困难群体。对这部分群体和“零就业家庭”，特别规定了就业援助制度。

针对人才和劳动力市场中存在的一些非法中介机构提供虚假信息，损害劳动者权益的现象，该法对职业中介机构的设立规定了准入门槛。

4.2.6　中华人民共和国循环经济促进法

为了促进循环经济发展，提高资源利用效率，保护和改善环境，实现可持续发展，我国制定了《中华人民共和国循环经济促进法》。该法规于2008年8月29日由十一届全国人民代表大会常务委员会第四次会议审议通过，自 2009 年 1 月 1 日起施行，2018 年 10 月 26 日修正。本法规所称循环经济，是指在生产、流通和消费等过程中进行的减量化、再利用、资源化活动的总称。该法规共七章五十八条，内容涵盖基本管理制度、减量化、再利用和资源化、激励措施和法律责任等内容。

近年来，我国经济持续快速增长，各项建设取得了巨大成就，同时也付出了很大的资源和环境代价，经济发展与资源环境的矛盾日益尖锐。在科学发展观的指导下，大力发展循环经济，将为我国建设低投入、高产出，低消耗、少排放，能循环、可持续的国民经济体系和资源节约型、环境友好型社会，提供重要的途径和手段，对我国经济社会的可持续发展意义重大。

4.2.7　中华人民共和国电影产业促进法

为促进电影产业健康繁荣发展，弘扬社会主义核心价值观，规范电影市场秩序，丰富人民群众精神文化生活，我国制定了《中华人民共和国电影产业促进法》。该法规由中华人民共和国第十二届全国人民代表大会常务委员会第二十四次会议于 2016 年 11 月 7 日通过，自 2017 年 3 月 1 日起施行。该法规共六章六十条，内容涵盖电影创作和摄制、电影发行和放映、电影产业支持和保障和法律责任等基本内容。

简政放权、激活市场的活力是电影产业改革推动的重要方向。该法规把实践中已经推行的改革举措写入了促进法，比如减少审批项目、降低准入门槛等，没有新增设行政审批项目，同时还取消了电影制片单位审批、摄制电影片（单片）许可证审批等行政审批的项目。该法规将长期以来中国电影产业改革发展的成熟经验上升为法律制度，为未来电影产业持续健康繁荣发展提供了有力的法制保障，对电影产业的长远发展具有里程碑意义。

4.2.8 中华人民共和国基本医疗卫生与健康促进法

为发展医疗卫生与健康事业，保障公民享有基本医疗卫生服务，提高公民健康水平，推进健康中国建设我国制定了《中华人民共和国基本医疗卫生与健康促进法》。于 2019 年 12 月 28 日由第十三届全国人民代表大会常务委员会第十五次会议审议通过，自 2020 年 6 月 1 日起施行，共十章一百一十条。该法规内容涵盖基本医疗卫生服务、医疗卫生机构和人员、药品供应保障、健康促进、资金保障等方面内容，确立了基本医疗卫生制、分级诊疗、现代医院管理、全民基本医保、药品供应保障、医疗卫生综合监管等基本制度，体现了“保基本、强基层、促健康”理念。

该法规总结了我国医药卫生体制改革的经验，就落实党中央、国务院在基本医疗卫生与健康促进方面的战略部署作出了顶层的、制度性的、基本的安排，是我国卫生与健康领域的第一部基础性、综合性法律，对于推动我国卫生与健康领域法治建设，在卫生与健康工作中落实全面依法治国方略具有基础性和全局性的作用，对于构建中国特色基本医疗卫生制度，全方位全周期保障人民健康，推进健康中国建设具有重要意义。

该法规明确了我国医疗卫生与健康事业应当坚持以人民为中心，为人民健康服务，规定了医疗卫生事业应当坚持公益性原则，确立了健康优先发展的战略地位，强调健康理念融入各项政策，体现了卫生与健康工作理念从“以治病为中心”到“以人民健康为中心”的转变，是我国医药卫生事业的核心。

4.3　部分行业促进法立法背景

4.3.1 《中华人民共和国民办教育促进法》立法背景

随着我国改革开放的不断推进和市场经济的蓬勃发展，我国民办教育事业取得了长足发展，已成为我国教育事业的重要组成部分。但是民办教育事业仍存在以下问题。

首先，民办教育的作用和地位没有得到应有的重视，相关法律法规内容不符合行业实际发展，存在滞后性。例如，1997 年出台的《社会力量办学条例》中仍然有诸如“严格限制民办高等教育的发展”这种不利于民办学校发展的明文规定。在民办教育的地位问题上，以往地方政府与民办教育机构之间主要存在两方面的问题：一是地方政府对民办教育机构管得过多，使本地区的民办教育事业得不到应有的重视；二是放弃对民办教育的管理权，任其自由发展，使民办教育处于无序竞争状态中。

其次，民办教育的产权归属不明晰，现有法律法规存在空白，实际发展中存在国家所有观、办学所有观和投入者所有观三种归属办法。我国民办学校类型多样，情况复杂，产权问题又直接与出资办学诸多方面的权益相关联，因此，民办学校的产权问题成为人们关注的核心问题之一。产权归属不清是影响和制约民办教育发展的一个重要原因，最大弊端就是不利于资产的积累。在民办教育的发展中，某些民办学校已出现了将学费收入流向举办者亲属、家庭，将学校资金用于炒股等案例。

最后，民办教育的合理回报存在争议，对相关条款的认识与理解不同导致办学行为上的偏差。《中华人民共和国教育法》第二十五条规定：“任何组织和个人不得以营利为目的举办学校及其他教育机构。”在实际的办学过程中，由于对这一条款的认识与理解不同，因此出现了“不以营利为目的”与“不能营利”等的争论，导致办学行为上的偏差。这里涉及几方面的问题，一是对教育的公益性的肯定；二是在具体做法上，理应照顾到办学者的利益。

民办教育的性质与地位、民办学校的产权归属以及民办教育的合理回报问题，是影响民办教育健康持续发展的三个核心问题。《中华人民共和国民办教育法促进法》的颁布，构建了保障和促进我国民办教育发展的法律框架；在这一框架下，政府机构、社会中介组织、办学团体和民办学校本身都有各自的发展空间，具有相应的职责、任务、权利和利益。《中华人民共和国民办教育促进法》的颁布，有利于我国民办教育事业在国家法律的约束与保障下健康、持续发展。

4.3.2 《中华人民共和国电影产业促进法》立法背景

随着国民经济的迅速发展，当前我国居民对包括电影在内的文化产品的消费需求和消费能力逐年递增，在此大背景下，我国电影产业包括投资主体数量、影院和银幕数量、上映新片数量、单片投资金额、单片票房、总票房、电影产业从业人员数量和待遇水平等各项指标都在逐年迅速增长。与此同时，电影业发展中仍然存在的问题也逐渐暴露出来，旧体制逐渐难以维系，突出表现在以下方面。

首先，电影行业发展水平有待提高，发展缺乏活力。电影题材类型单一，电影追求商业化而忽视情感、文化、价值观的表达；从业人员的专业化分工、职业认同感、使命感、职业技能自我要求、社会形象等有待加强；行业准入门槛过高，且审查项目繁多等，这些都限制了电影行业的发展。

其次，监管困难，不同部门、地区制定的规范性文件之间存在内容冲突，缺乏一部总领性文件。有关电影业的管理规范，在多年的发展和调整中形成了一个盘根错节的庞大体系，发布机构涉及中宣部、文化部、国家新闻出版广播电视总局、商务部、国家档案局、国家知识产权局等多个中央部门，以及各地的立法机关、政府及其主管部门，且时间跨度囊括了从改革开放初期至今的 40 多年的时间。暂且不论各部门、地区是否会被部门、地方利益所裹挟而制定有倾向性的文件，由于各中央部门、地方立法或行政机关的着眼点不同，加之电影业管理机制、涉及不同方面的本身复杂程度，导致不同部门、地区制定的规范性文件在特定具体问题的处理上，会产生交叉并指向不同的结果。

最后，惩罚低效，从业者违法违规成本低。长期以来，我国司法体制对电影行业违法行为的处罚力度就存在过轻的情况，这在版权领域尤为突出。对电影的保护力度和广度不够，侵权成本太低，而维权成本高昂，导致偷漏瞒虚报和盗版、盗录现象屡见不鲜，对整个电影行业发展造成很大隐患。

电影市场活力有待进一步激发、电影市场秩序监管困难、惩罚低效，是影响电影产业健康持续发展的三个核心问题。制定《中华人民共和国电影产业促进法》就是要解决这些问题，促进电影产业的发展，将长期以来中国电影产业改革发展的成熟经验上升为法律制度，为未来电影产业持续健康繁荣发展提供有力的法制保障，《中华人民共和国电影产业促进法》对电影产业的长远发展具有里程碑意义。

4.3.3 《中华人民共和国清洁生产促进法》立法背景

1992 年，中国积极响应联合国环发大会可持续发展战略和《21世纪议程》倡导的清洁生产号召，将推行清洁生产列入《环境与发展十大对策》。清洁生产是实现我国可持续发展及循环经济战略的必然选择，也是兼顾工业发展与环境资源保护的双赢策略，但是在推行清洁生产的过程中出现了如下问题。

第一，清洁生产行业地位不受重视，使得启动阶段的清洁生产实践长期局限于企业层面。仅依靠单一的宣传培训活动以及行业层次的清洁生产审核示范，束缚了人们对有着丰富内涵的清洁生产的深入理解和进一步追求，更重要的是，这些孤立的运动式活动项目，难以形成一个纳入国家（政府或部门）决策与管理基本过程中使清洁生产运作起来的有效推行机制，其结果也就不可能使清洁生产成为企业普遍、持久的日常行为，从而难以产生有目标、有组织的清洁生产推广深化效果。尽管启动阶段陆续出台过一些推行清洁生产的规定包括法律要求，但号召式或原则性的内容并不足以有效地解决相应问题。

第二，清洁生产的产业联动不足，同时缺少政策的支撑，使其不能融合渗透到生产发展主流活动，形成阻碍其推广的因素。清洁生产作为一项转变粗放经营的传统生产发展模式与调整单纯末端治理的环境污染控制体系的战略变革，各行各业都需要进行清洁生产，但在现行条件下，要使企业完全自发地采取清洁生产行为是极其困难的。显然，通过政府建立起适应清洁生产特点和需要的政策措施，营造有利于调动企业实施清洁生产的推行机制是促进中国清洁生产向纵深发展的关键。

国内外清洁生产实践经验表明，由于市场机制难以提供强有力的清洁生产刺激信号，清洁生产的市场拉动力是非常有限的，清洁生产的推行需要国家通过法律的自觉规章制度予以实现。2002 年《中华人民共和国清洁生产促进法》的颁布，便解决了以上问题，同时标志着我国可持续发展有了历史性的进步，我国推行清洁生产开始走上法制化和规范化管理的道路。

4.4　物流促进法立法背景

尽管教育行业、电影行业以及清洁生产行业与物流业的关系并不密切，但综合民办教育促进法、电影产业促进法以及清洁生产促进法的立法背景，可以发现，这三个行业在各自历史时期都存在相似的困难和社会背景：法律法规内容不符合行业实际发展，存在滞后性、现行法律法规不完善、行业发展水平有待提高、市场秩序有待进一步规范等问题。之后，通过各自行业促进法的立法、落地实施、不断修订，逐渐解决了各行业存在的问题。

同样的，物流业也正面临着与这三个行业相同或类似的背景，物流业法律法规也在很多方面不完善、监管困难、惩罚低效等问题。

这些问题阻碍了物流业的长远发展，极大地影响了我国物流业对我国经济的推动。因此，物流业急需与这三个行业类似的行业促进法来解决问题、引领行业健康发展。我国物流业与其他行业促进法立法背景共性问题见表 4.3。

表 4.3　我国物流业与其他行业促进法立法背景共性问题

<table>
<tr><th rowspan="2"></th><th rowspan="2">行业问题</th><th colspan="5">法律问题</th></tr>
<tr><th>内容空白</th><th>内容冲突</th><th>内容适用</th><th>监管困难</th><th>惩罚低效</th></tr>
<tr><td rowspan="3">民办教育促进法</td><td>地位不受重视</td><td></td><td>√</td><td>√</td><td></td><td></td></tr>
<tr><td>产权归属不明</td><td>√</td><td></td><td></td><td></td><td></td></tr>
<tr><td>回报存在争议</td><td></td><td>√</td><td></td><td></td><td></td></tr>
<tr><td rowspan="3">电影产业促进法</td><td>发展缺乏活力</td><td></td><td></td><td>√</td><td></td><td></td></tr>
<tr><td>监督管理困难</td><td></td><td></td><td></td><td>√</td><td></td></tr>
<tr><td>惩罚措施低效</td><td></td><td></td><td></td><td></td><td>√</td></tr>
<tr><td rowspan="2">清洁生产促进法</td><td>地位不受重视</td><td>√</td><td></td><td></td><td></td><td>√</td></tr>
<tr><td>产业联动不足</td><td></td><td></td><td>√</td><td></td><td></td></tr>
</table>

同时，我国物流业发展与发达国家的差距还是很大，并且基础相对薄弱，如果没有法律的保驾护航，不可避免地会出现各种问题。现有的物流业立法中涉及的物流业促进法立法内容较为碎片化，不能系统地在宏观层面指导物流业发展。整合现有的物流法律法规并统一物流立法难度较大，同时物流业的发展急需法律规范的引导与管理，物流业促进法这种引政策入法的新立法模式，能够弥补物流

法律这部分的空白。

其他行业促进法的立法与实施对于该行业当时所存问题的解决对物流业促进法有很好的借鉴作用，因此，物流业也需要这样一部行业促进法。该促进法以推动我国现代物流业健康有序发展为宗旨，鼓励和引导各方主体共同参与到物流业的发展规划中，最终实现我国物流业整体水平及国际影响力的提升。

第 5 章　我国物流业促进法立法必要性

5.1　物流业促进法的法理必要性

5.1.1　物流业促进法有利于解决物流业现实纠纷

我国物流业虽然发展迅猛、日新月异，但物流市场无序化现象依然明显，与现代物流规范化、标准化运作之间产生了巨大的冲突，加剧了作为竞争对手的各物流企业之间的紧张关系，甚至有许多基础薄弱的物流企业因长期纷争不幸沦为了市场竞争的牺牲品，而且作为物流服务对象的消费者因始终处于弱势一方其权益也无法得到良好的保障。更为严重的是，种种矛盾纠纷也在伴随着物流业社会地位的提升而不断升级，各种问题的复杂程度已经超过了交易习惯、行政政策等社会治理手段的调整极限。此时，若没有法律对物流市场行为加以规范，划定物流企业行为的界限，那么以合法形式掩盖非法目的、不正当竞争、卖方垄断等非正义不公平现象将层出不穷，成为物流行业谋求可持续发展的最大障碍。因此，物流业促进法这种引政策入法的鼓励引导式新兴立法模式，恰好可以填补完善物流业法律制度这一时期的法律适用空白。

物流业促进法作为物流业法律体系的龙头法，可以为物流业的发展作出整体的规划。从物流业促进法的立法目的来看，它可以明确整个行业发展的基本方针和方向，虽不能完全规避某些极特殊行业乱象的发生，但引导趋势发展是其不可推卸的责任。物流业促进法可以站在宏观角度确定国家对物流业鼓励和支持的大方向，建立起指引物流业未来发展的轨道。不仅如此，物流业促进法所要发挥的关键作用更在于要合理解决物流行业各主体利益争锋中产生的突出问题，它建立在对社会各层级主体矛盾纠纷深入分析论证的基础上，通过协调不同主体间的关系来建立系统的秩序，使社会各领域能够向着促进物流业发展的共同目标努力。物流业是多环节共同协作的复合型产业，在物流过程中必然会存在多方主体、多个部门、多个行业间的共同参与。在此背景下，物流业促进法作为维护和保障秩序的重要手段，能够规范各主体间的物流关系，营造安全稳定的市场秩序，为物流行业高质量发展进一步扫清障碍。

5.1.2　物流业促进法有利于建立政府对物流经营活动的有效监管

当下，我国物流业的发展正处于一个黄金时期，但欣欣向荣的背后依然存在盲目逐利、恶性竞争，给市场带来了诸多的风险。从行业发展的角度而言，由于物流行业目前整体处于低端业态水平，较低的门槛吸引低水平企业涌入导致物流业泡沫式膨胀；再加上规则制度的缺失，无序的竞争状态，带给整个物流业的消极影响是十分明显的。在如此巨大的生存压力之下，企业和领导者缺乏参与竞争的有效手段，只好采取最简单的价格战参与竞争。盲目的价格战必然导致大量的超载、超速及降低物流装备、人力和技术的投入以摊薄成本，增加盈利，这样一来就导致物流运作水平的降低，也会对公众的生命财产安全带来威胁。

这些风险揭示出物流业制度化建设过程中存在的问题。我国物流业是一个垄断性和竞争性并存的混合产业，该产业自身特性、发展水平和我国政府组织结构决定了政府应当细化和完善对该产业的监管，以维护物流安全、减少环境污染和保护消费者权益。在肯定物流业快速增长带来可观经济效益的同时，也不能忘记物流业这块庞大的“利润蛋糕”亟须一把权威中立之刀来对其作出合乎公平正义的分配。此时，物流业促进法的出现便适时地为市场引入了政府监管机制，在企业无力面对加强自身监管所带来的高额成本时，政府借助法律力量实施源头治理和终端管控，在维权与维稳之间实现完美平衡。

物流业促进法的根本遵循仍是倡导物流行业的有序发展，虽然该部法律在强制力上难以达到一般行政执法手段的要求，但政府作为法律法规的贯彻执行者，其作出的行政行为必须有理有据，这是社会公众将公共管理权力交给政府去行使的基本要求。物流业促进法所要建立起的政府监管实际就是在谋求企业利益与公共利益的平衡，以法律法规的形式明确行业发展的原则与路径，这便于政府从宏观层面进行问题分析，从微观层面进行结构设计，以市场和管控相结合的手段发挥其监督职能，实现物流行业标准化、流程化、工具化的行业目标。政府和企业都是市场良序发展不可或缺的力量，在转变政府职能向服务型政府迈进的过程中，政府对现代物流业的监管应当侧重于提高物流服务质量和确保物流安全，采用经济性监管和社会性监管相结合的方式，避免物流企业的不合理竞争，维护市场秩序，降低全社会的物流成本，以政府监管带动形成企业内部自觉监管的机制。

5.1.3　物流业促进法有利于完善物流业法律法规体系

现行物流方面的法律规范体系缺乏系统性和协调性，呈现出散乱的状态，且效力层级较低，相关的立法呈现出滞后性的特征，存在立法空白，立法质量不高，难以和国际物流立法接轨的现象，造成了我国物流业发展混乱的状态，严重影响物流业的长足有序健康发展。

现代物流业的发展和兴盛依赖于统一、透明、公平和高效率的法律制度环境，其健康和持续必然以良好的法律制度为依托和动力。与其他的经营活动相比较，现代物流活动涉及从原材料的加工、存储到成品流通的全部过程，具有管理一体化、流通信息化和功能集成化的特点，物流活动中的法律适用具有综合性、技术性、广泛性和国际性的特点，物流本身有着广泛的内容，随着经济全球化、一体化的进程，物流市场体系逐渐形成，需要有相关的法律规范进行指引，约束当事人的行为，对违规者进行惩处，以净化市场环境，促进物流业的长足健康发展。

物流业促进法的制定对于促进物流业的发展至关重要，同时物流业的形成和发展需要国家的方向指引。目前出台的物流业相关政策体现出国家对于物流行业发展的支持引导态度，但政策方面的引导并不够，需要更高位阶的法律规范的适当调整与之相适应。加强物流企业市场准入的监管规范，从而规制物流市场的秩序，鼓励、引导物流行业的长足发展。

5.1.4 物流业促进法有利于实现法治建设的目标

建设中国特色社会主义法治体系是全面依法治国总目标的重要组成部分，是建设社会主义法治国家的前提和基础。同时建设中国特色社会主义法治体系也是坚持和发展中国特色社会主义的内在要求，是推进国家治理体系和治理能力现代化的重大举措。随着我国在科技、经济等方面的迅速发展，为人民幸福安康、社会和谐稳定、国家长治久安提供一整套更完备、更稳定、更管用的制度体系是至关重要的。

2011—2019 年，我国的物流市场规模不断扩大，虽然增长的速度从 2020 年以后有所放缓，但仍保持增长态势。物流行业的迅猛发展对我国的社会主义法治体系提出了新的要求，制定物流业促进法势在必行。坚持立法先行，为物流行业相关活动的顺利进行提供明确立法指引和制度保障，做到依宪立法、规范立法、精细立法。明确物流业的产业定位和物流企业的标准，明确物流业的立法原则和责任承担等具体规范对于推进我国社会主体法律体系的建设至关重要，社会主义法治体系应当是相互融通、彼此衔接、不可分割的有机整体，物流法律体系作为中国特色社会主义法治体系不可分割的一部分，体现出整体和部分紧密相连的关系，子系统的结构和功能各方面的不断完善建立为总系统提供了有力的支撑，使其得以完整且稳定运行。

国务院于 2009 年发布了《国务院关于印发物流业调整和振兴规

划的通知》，明确了“要加速发展现代物流业，完善物流服务体系，提升物流服务能力，从而应对日益强烈的全球物流企业竞争”的鼓励态度。2014 年国务院发布了《物流业发展中长期规划（2014—2020》，指出“择机研究制定物流业促进方面的法律法规”的政策指向，并于当年印发了《国务院关于印发物流业发展中长期规划（2014—2020年）的通知》。国家发改委发布《营造良好市场环境推动交通物流融合发展实施方案》《物流业降本增效专项行动方案（2016—2018 年）》，国务院印发了《关于进一步推进物流降本增效促进实体经济发展的意见》《关于推进电子商务与快递物流协同发展的意见》。以上法律法规的颁布体现了我国政府对于物流行业发展前景的鼓励态度以及整合完善物流业相关法律法规的政策导向，这将有助于促进商品流通和经济流转，降低社会物流成本、优化资源配置和产业结构，同时物流业法律体系作为制度后盾将成为我国实现法治建设目标不可缺失的重要部分。

5.2　物流业促进法的经济必要性

5.2.1　物流业促进法有利于保障物流从业者的经济利益

劳动密集依然是我国物流业的特征，物流从业者众多，既有懂技术、懂管理的高端物流人才，又有直接从事物流活动各环节工作的体力劳动者。操作层面的物流从业者相对饱和，但是复合型高端物流人才严重短缺。相对于高端人才，基层从业者可替代性更高，客观上属于弱势群体，在部分企业中其利益没有得到良好的保障。例如，北京远成物流公司拖欠 71 名劳动者 2019 年 1 月至 6 月劳动报酬共计 156.2 万元，收到整改指令书后并未整改，法人逃匿；又如速尔快递东莞公司拖欠 454 名员工工资 180 万元。

同时，随着社会对物流业需求的提高，操作层面的物流从业者普遍存在劳动强度偏高的问题，但收入却相对较低。此外，快递公司往往“以罚代管”，快递员等还面临被客户投诉而罚款的风险。例如，顺丰一名快递员按顾客要求将快递放在门口，但快递丢失后被顾客投诉，该快递员被公司罚款。因此，制定物流业促进法有利于改善物流从业者的收入与劳动强度不匹配的问题，同时规范快递公司“以罚代管”的模式，保障和维护物流从业者的合法利益和收入。

5.2.2 物流业促进法有利于保障物流企业的经济效益

制定有利于我国现代物流公平竞争、和谐发展的物流业促进法，能够为我国物流业发展保驾护航，指导物流企业在法律环境下平等竞争、有序经营、规范管理，从而保障合法经营的物流企业的经济效益。同时，物流业出现的新领域，如电商物流、物流金融、供应链金融、跨境电商物流等，都需要物流相关法律法规的规范和保障。

物流业涉及的领域和行业众多，但现阶段缺少完善的物流业促进法指导，法律法规存在空白，政府和企业间的法律责任边界划分不明确。例如，在新冠病毒疫情期间，许多地区为控制疫情扩散而采取了封闭措施，导致大量物流企业无法正常运营，与货主企业出现了商业纠纷，物流企业不得不进行赔偿，产生了严重的经济损失，甚至部分企业破产。

此外，企业之间缺乏必要的法律调控和约束机制，物流业市场准入标准不完善，竞争规则没有统一的法律法规可循，造成物流经营者鱼龙混杂，良莠不齐，物流市场竞争混乱，存在恶意竞争、劣币驱逐良币的现象，不利于合法经营企业的健康发展，其经济效益无法得到保障。例如，近几年大量资本盯上物流业，纷纷进入，其中不乏进来捞一笔走人的。一些小公司为了抢客户滥打价格战，摊薄了整个行业的利润。这使得很多合规经营的物流企业非但不赚钱甚至还要赔钱或破产。

5.2.3 物流业促进法有利于推动产业协同发展

物流业促进法能够促进和保障物流业健康发展，物流业不仅可以为本行业创造税收、就业等，还可以支撑和促进区域内相关产业产生更多的税收和就业。通过产业结构的战略调整，可以形成合理的产业分工体系，实现区域内产业的优势互补，从而推动区域产业的协同发展，以优化区域产业结构、提升产业能级、增强区域产业竞争力。

例如，推动生产制造企业传统观念的改变，结合自身情况，采用专业化的物流外包服务，将传统的运输、仓储、原材料出库、产品搬运等业务交给第三方物流企业去做，使制造业与物流业有效联动发展；又如，沿海城市可以借助区位优势，合理利用其深水港湾，重点建造沿海口岸集装箱运输系统和大宗散货运输系统，形成既规模又专业化的港区，带动临港工业的发展。区域产业联动不仅可以推动区域经济的协同发展，还能避免区域产业、产品结构间的恶性竞争。

5.2.4 物流业促进法有利于促进国民经济高质量健康稳定发展

物流业在国民经济中具有举足轻重的作用，是国民经济的基础和支柱，我国三大产业的发展，均需要物流业的支撑，受物流业支撑的行业均有明确的法律法规，但物流业立法工作落后于其他行业，造成行业间法律失衡，制约了物流业的支撑作用。同时，近年来物流业与其他行业深度融合，物流业态不断进化，商业模式不断创新，但我国物流业现行法律法规很难适应市场经济环境下物流业的发展。因此，需要物流业促进法来保障物流业发展，巩固物流业的支撑作用，从而增强经济发展的内生动力，支撑国民经济快速增长。

通过制定物流业促进法，政府可以按照权责一致、合理分工等要求建立高效的服务机制，提高管理效率，通过加强部门之间的协调合作，统管各种运输方式，通过建设共建立体交通，支持物流企业发展多式联运，以智慧物流打造高效物流，降低物流成本，使得社会资源配置的效用最大化，减轻资源和环境压力，从而促进国民经济高质量健康稳定发展。

5.3 物流业促进法的社会必要性

5.3.1 物流业促进法有助于保护个体权益

1. 维护消费者权益

物流本质上是一项服务，其根本宗旨在于扩大内需、满足人们生活消费水准多样化与高级化需求。随着经济体制、管理体制以及市场环境等的变化，物流业出现的新领域，如电商物流、物流金融、供应链金融、跨境电商物流等，都需要物流业相关法律法规的规范和保障。以冷链物流相关法律法规为例，对于存入仓库的食品安全责任人，以及发生纠纷归责原则等内容都有待明确。比如，物流企业将医疗器械运输到医院的过程中是否达到冷链要求尚无相关法律规定。2015 年，山东破获非法经营疫苗案件，大量未经冷藏的疫苗类产品流入全国 18 个省市，涉案金额达 5.7 亿元。事实上，这些被查处的疫苗并不是“有毒”疫苗，而是在运输、储存环节出了问题。疫苗是一种特殊药品，它为预防疾病而使用。一般药品总是在人们患病时使用，疫苗则用在未病时，因此，一旦疫苗出现问题，不只是导致使用者的健康问题，还会导致许多人选择不注射疫苗，进一步导致疾病的发生率上升。药品安全重于一般物品，疫苗安全重于一般药品。因此，医药产品物流环节的监管一旦出现疏漏，尤其是疫苗这类易引发社会公众安全的重要产品，其后果不可想象。另外，长期以来，快递服务中存在损害消费者利益的问题。比如，暴力分拣包裹，用户寄送的货品不时受到人为损毁；发生货物毁损或其他意外损失时，存在货运老板卷款逃跑的现象，而且货主往往很难追回货款。这些问题均应通过规制加以管理与规范。

通过制定有利于维护消费者权益的促进法，引导物流业向社会化、专业化的趋势发展，能够保障物流企业满足人们消费多样化与高级化的需求，同时保护消费者权益不受损害。

2. 保护从业者劳动安全

目前，我国部分物流一线从业人员职业素质较低，专业知识以及科学应对突发状况能力欠缺。虽然他们主要从事简单的出入库业务、包装作业和装卸搬运作业，但对安全生产影响较大。另外一线从业人员专业培训不到位，只是在企业内部接受了简单的岗前培训或职业教育，造成了这些人员安全意识淡薄，处置能力低下，增加了事故的发生概率。

通过制定有利于保护从业者劳动安全的物流业促进法，引导物流企业加强安全意识，能够提供从业者劳动安全的作业环境，保障从业者的人身安全，并进一步吸引物流业高端人才。

5.3.2 物流业促进法有助于促进行业发展

1. 为物流企业提供良好的发展环境

物流行业的持续健康发展离不开良好的社会环境。现阶段，我国的物流领域还存在较为严重的部门垄断和一些不公平竞争。中小企业为了在市场中生存，通常通过低价竞争而非提高自身竞争优势来获取订单，导致服务质量整体不高，严重影响了物流业的健康和谐发展，需要政府加以规范和引导。另外，目前我国对于物流业的监管并没有设立统一管理部门，由各部委分别负责，而物流协会建设尚处在初级阶段，呈现出多而杂的特点。物流协会过多则使得其缺乏权威性，普遍职能效用不高，对物流业的发展促进作用有限。

通过制定物流业促进法，可以引导物流业向社会化、专业化的趋势发展，确保物流企业之间公平竞争，营造良好的竞争环境，促进物流业的健康可持续发展。同时，物流业促进法作为一项政策性较强的法规，以法律的形式为物流业提供各种优惠扶持政策，也能适当赋予物流行业协会一定的监管职能，既能确保政策落实的效力，也为物流市场的培育和发展提供了良好的法律保障。

2. 促进不同地区的物流业协调发展

鉴于我国当前的具体国情，地区间经济发展不平衡，既存在相对落后的经济欠发达地区，又有经济高度发达的国际化都市，由此造成城乡在经济、消费、观念等很多方面存在差距。在经济发展较快的城市，交通相对便利，物流设施和设备相对较完善，但是在相对落后的农村物流活动的开展就相对较慢，因此，物流业表现出区域化的特点。受经济、生产力、基础设施、市场化程度、信息化水平、市场需求等多种因素的影响，目前我国物流业呈现出东部发展快，中西部发展慢，城市物流相对发达，农村物流滞后的特点。物流企业、物流设施、物流活动高度集中在交通、信息更为发达的大中城市。2019 年，东、中、西部地区快递业务量比重分别为 79.7%、12.9%和 7.4%，快递业务收入比重分别为 80.2%、11.3%和 8.5%。通过制定物流业促进法这一纲领性文件，能够提高不发达地区的物流发展水平，引导不同地区的物流业协调发展。

3. 促进物流国际化发展进程

物流业缺乏统一标准，物流作业环节使用的设备，以及包装、运输和装卸等流通环节都缺少必要的行业标准和行业规范，难以与国际物流接轨，不仅导致国内物流行业混乱，还增加了企业出口成本，降低了企业国际竞争力。特别是物流设施和装备方面的标准化程度还有待提高，主要表现为：物流器具标准、包装标准和设施标准与国外标准之间的不匹配。仓储、装卸和运输是物流系统中极其重要的组成部分，其效率的高低直接影响物流速度和效率。目前，我国物流系统货物的仓储、装卸和运输等环节因缺乏统一的规范而难以与国际物流接轨。其中托盘标准存在的问题较为典型，我国的物流企业有的采用欧美标准，有的采用日韩标准，还有的干脆自己定义，严重影响了物流系统的运作效率。

因此，通过制定物流业促进法，对物流业相关标准进行规范统一，引导物流行业协调有序发展，有利于降低企业出口成本，同时增强企业国际竞争力，最终促进物流国际化发展进程。

5.3.3 物流促进法有助于保护环境

绿色物流是基于节能环保的可持续发展理念形成的一种新型物流运作模式，能够极大降低企业的生产经营成本，提高资源运用效率。近年来，随着科学技术的迅猛发展和经济全球化趋势的增强，现代物流业也得到前所未有的繁荣发展，但与此同时也给环境带来了严重的污染。从组成物流系统的各个功能要素来看，运输、包装、仓储、流通加工、装卸搬运、信息处理均对环境产生影响。首先，运输是物流活动中最主要、最基本的活动，其中运输中车辆的尾气污染、噪声污染和光污染，是物流作业造成环境污染的主要原因；其次，包装材料对环境也会造成破坏，如由于在商品流动过程中采用不可降解的塑料制品造成白色污染；最后，流通加工中由于流通加工中心过于分散，不能有效地对加工产生的废物等进行集中处理也会对环境造成危害。以上情况说明，实现物流绿色化任重而道远。

通过制定有助于促进社会资源最优配置的物流促进法，一方面积极鼓励绿色物流的应用和发展，另一方面通过对物流法律关系主体行为的指引，规范利用物流有限资源，消除利益冲突的根源，减少不必要的资源消耗，促进物资的有序流动，做到“物畅其流”，能够节约自然资源、社会资源，提高资源利用效率，进而保护环境。

5.3.4　物流促进法有助于维护国家安全

1. 提高国内应急物流响应能力

应急物流能够在面对严重自然灾害、公共卫生事件或公共安全事件、军事冲突突发事件时对物资、人员、资金的需求进行紧急保障，从而维护社会的安稳，保护国家安全。2015 年“8 • 12”天津滨海新区爆炸事故发生后，应急物流的表现反映出我国应急物流缺乏统一、权威的法律保障。首先，现有法律规范尚未形成统一的规范体系。灾害性事件应急物流涉及部门众多，而这些部门通常是依据自身的特点和利益来制定法规的，不可避免地造成各个法律规范之间的矛盾与冲突。其次，各地方法规带有浓郁的地方色彩与地方保护色彩，造成突发事件应急物流成本居高不下，浪费国家资源。而新冠疫情使国家暴露出应急物资储备不足、生产滞后、物流运行不畅等问题，因此，提高国内应急物流响应能力十分迫切。

通过制定物流促进法，保障应急物资的储备与生产，同时提高供应链应对突发事件的能力和水平，加强应急保障能力，在突发事件发生后维护社会安稳，保护国家安全。

2. 保护危险品运输安全

我国是危险品货物道路运输大国，每天近 300 万吨危险品货物运输在道路上，占危险货物运输总量的近 70%。公安部消防局数据显示，2008—2012 年，公安消防部队参与处理的危险化学品事故近 5 万起，其中道路运输事故大约占 76%，平均每天有 27 起。2020 年 6 月 13 日，浙江温岭油罐车爆炸，造成 19 人遇难，172 人受伤，由此可见，危险品道路运输的风险非同一般。我国危险品运输从业人员多，专业技术水平和运输设备条件参差不齐，导致危险品物流效率低下并存在严重事故隐患，主要表现在：（1）多头管理。危险品物流行业同时受到公安、交通、质检、环保、卫生以及工商、税务、海关等部门的监督和管理，各部门都制定了推动本行业的有关法规和规定，造成了制度上的混乱。（2）事故应急机制落后。道路运输部门对危险品货物运输事故处理尚无快速反应的有关机制，相关防范、救援措施不能及时跟上，往往贻误施救时机，造成不必要的损失。（3）行业以及危险品运输从业人员准入门槛低，难成规模效应，专业素质整体较低。很多货主单位以低价格把危险品委托给没有任何资质的物流企业，为了赚取更多的利润，这些物流企业在安全上没有投入，上路以后，安全风险便传递给全社会，造成很大的安全隐患。

通过制定物流促进法，一方面能够协调公安、交通、环保等部门对危险品运输的有关制度和规定；另一方面，能够促进运输部门对危险品货物运输事故处理制定相关规范，从而有效开展防范和救援工作，同时也可以引导提高行业以及危险品货物运输从业人员的准入门槛，完善物流市场准入的监管体制，提高整体专业素质，最终保护危险品货物安全运输。

第 6 章　我国物流促进法立法可行性

6.1　物流促进法的法理可行性

6.1.1　现有立法积累丰富

1. 国外物流业的示范性立法

物流业起源于西方国家，目前许多发达国家的物流水平居世界领先地位，同时物流立法也已十分完善。美国和日本是物流产业的先进国家，它们在物流管理、基础设施建设、信息化建设、供应链管理及法律规范等方面均处于世界物流实践的前沿。

从物流政策法规的整体情况来看，美国与日本有相似之处，既有物流业整体性的规范文件，又有针对具体内容的专门性法律法规。对于日本来说，其出台了综合性的政策文件对物流业的整体发展进行宏观调控。1997 年，日本政府根据物流业发展的现状制定了指导物流业发展方向的《综合物流施政大纲》，要求各部门、各主体之间相互协调配合，对物流业的快速发展起到了积极的指导作用。而后，日本内阁会议于 2001 年又出台了《新综合物流施政大纲》，这一新政策结合了社会发展的需求，从高效、绿色、环保等方面提出了更高的服务标准。可以说，这两部纲领性法律文件的出台，对日本物流业发展的大方向及未来的发展战略做出了全局性的指导，为日本物流体系化、现代化、国际化的发展模式奠定了坚实的基础。

与此同时，日本物流业的专门性立法也十分完备。虽然《综合物流施政大纲》《新综合物流施政大纲》能够全面指导物流业的综合发展，但日本并不单单依靠这两部法规调整具体的物流活动，而是针对不同领域、不同物流环节分别专门立法。日本针对公路、铁路、航空和海运等不同运输方式分别制定了专门的立法，例如，较为著名的“物流二法”，即《货物汽车运输事业法》《货物运输经营事业法》。值得注意的是，日本物流立法对物流实际运行中的各个环节都规制得十分全面。

美国物流的发展与其政府不断完善物流相关法规建设是分不开的，美国的立法体系是由宪法、国会的法律、司法判例、政府执行的行政法规和行政规章组成的。美国是发达国家中唯一个长期实行运输、仓储等物流业私有化的国家。从 20 世纪 70 年代开始，美国政府制定了一系列法规，逐步放宽对公路、铁路、航空、航海等运输市场的管制，通过激烈的市场竞争使运输费率下降、服务水平提高。美国物流立法情况如下：1977—1978 年制定了《航空规制缓和条款》；1980 年颁布了《多式联运法》，大力提倡多式联运的发展；1996 年出台《美国运输部 1997—2002 年财政年度战略规划》，提出建设一个世界上最安全、方便和经济有效的物流运输系统；在到 2025 年的《国家运输科技发展战略》中，规定交通产业结构或交通科技进步的总目标是："建立安全、高效、充足和可靠的运输系统，其范围是国际性的，形式是综合性的，特点是智能性的，性质是环境友善的。"这些政策法规的推行，为确立美国物流在世界上的领先地位提供了保障。

2. 我国物流业的大规模实践准备

物流业的发展与一国的经济是密不可分的，结合我国的实际国情，我国物流业的发展也是随着经济形势的变化经历了不同的阶段。

1949—1952 年，国民经济处于恢复阶段，因此物流业只涉及货物运输，并且运输方式单一，主要为铁路及公路，物流企业也都是附属于各专业公司或批发站。

1953—1977 年，在我国国民经济发展的第一个五年计划时期，国内的基础设施及交通运输建设已有了较大进步，物流业也因此得到了相应的发展。各个流通部门已基本成立了较专业的物流公司，分别负责货运、仓储、中转等环节，物流业已初具规模。

1978—1998 年，在改革开放的一系列政策推行之下，我国现代化建设进程迅猛发展，物流业的改革创新步伐也随之加快。流通领域的物流企业数量及规模持续扩大，同时生产行业也开始重视对物流的研究；在物流企业的建设方面，国有物流企业的建设不断加强，集体和个体的物流企业也开始建立；国内的发展环境更加开放，物流业逐渐打破了部门及地域的界限，向专业化、社会化的趋势发展。

1999 年 11 月 25 日，在现代物流发展国际研讨会上，现代物流作为一项跨行业、跨部门、国际化的先进管理技术，被政府作为一项重要发展理念予以多次强调，这标志着我国物流业开始从传统物流向现代物流转型。在 2006 年的《国民经济和社会发展第十一个五年规划纲要》中再次提到“大力发展现代物流业”，提出现代物流要充分应用计算机和网络技术，建立虚拟市场，并实现物流的系统化运作模式。这标志着我国现代物流业已经进入了快速发展的新时期。

从物流业的创立、发展、改革再到快速发展，大规模的实践为立法提供了丰富的素材，其中也积累了一些问题亟须通过法治化的手段加以协调。

3. 中国既有的促进法律规范积累

法律应当反映现实需求，很多行业已经制定了相应的促进法，对引导和促进其所在行业的发展起到至关重要的作用，减少了社会相关矛盾的产生，大大加快了中国法治建设的进程。物流促进法的制定依赖于政府的引导，原因在于物流业本身融合了多个领域的属性，其运行需要不同领域产业相互协调。单单依赖市场自身难以达到有效的协调引导作用，需要加强政府的鼓励和倡导职能，同时物流促进法的条文应当以倡导性、激励性规范为主。

6.1.2　现有理论准备充足

1. 物流促进法与现有法律结构可衔接

我国目前有关物流方面的法律规范从法律效力的角度主要包含法律、行政法规、行政规章、国际条约、国际惯例和技术标准。法律主要包含《民法典》《公司法》等；行政法规主要包括《海港管理暂行条例》《公路管理条例》《国际海运条例》《航道管理条例》等；涉及物流的部门规章主要有《商业运输管理办法》《铁路货物运输规程》《国际货物运输代理业管理规定实施细则》等。从涉及领域的角度主要包含物流主体法、物流行为法。物流主体方面的法律包括《公司法》《中外合资经营企业法》《中外合资经营企业法实施条例》《外资企业法》《外资企业法实施条例》《国际海运条例》《国际海运条例实施细则》等；物流行为方面的法律主要包括和供应物流、销售物流相关的法律法规，和包装、仓储、加工相关的法律法规，和装卸搬运相关的法律法规，和运输相关的法律法规等。

除此之外，为了应对国际金融危机，2009 年 2 月 25 日国务院常务委员会议审议并通过了《物流业调整和振兴规划》，指出要“完善物流政策法规体系，进一步研究制定促进现代物流业发展的有关政策。”如前所述，2014 年国务院发布了《物流业发展中长期规划（2014—2020）》，指出“择机研究制定物流业促进方面的法律法规”的政策指向。另外，国务院办公厅、交通运输部、国家发展和改革委员会、商务部、国家邮政局等各大部门近年来共发布的 60 多条国家层面的物流业相关政策，均表明了政府对于物流行业的引导和支持态度，并且准备在适当时机下制定物流促进法的发展计划。

当前的物流纠纷并非无法可依，如国务院部委和地方制定的物流法规、部门规章，以及不同部门法、基本法之中包含的物流条款规定。这些条款虽然分散，但是并不矛盾。物流促进法的功能就是在现有散见于各部门的物流法律规范基础之上，构建一套适应现在物流法律关系，得以保障物流业长期健康有序发展且具有一定前瞻性体系化物流法律规范，从而促进物流业整体利益的最大化。

2. 重大法律难题的理论准备充足

近年来，物流业发展的运势受到了越来越多学者的关注，与物流业相关的法律规范探讨也越来越多。有学者认为制定物流基本法的时机尚不成熟，目前阶段应当先注重运输、仓储、加工等各部分法律的完善；有学者认为应当先制定物流基本法，为物流业的后续发展提供一个清晰的基本框架和后续发展指引。笔者的观点如下。

首先，应当确立物流立法的基本精神或基本原则。第一，协调发展理论对于物流业的发展至关重要。物流业涉及多部门、多环节协作共同作业，在物流过程中存在多方主体的共同参与，为了保障发展的整体性、综合性和协调性，应当注重对于各部门、各领域之间分工的明确和落实，防止各部门之间互相推诿，从而营造良好的物流发展秩序。第二，对于物流法律制度体系中覆盖的社会关系，应当包括电子商务中的安全交易关系、物流环节中的各种合同关系等，调整范围应当符合合理覆盖原则，使得物流管理有法可依。第三，在现今全球环境恶化的大背景下，物流绿色化对于人类总体来说具有极其重要的意义。目前我国的多个城市也在积极开展垃圾分类的相关工作，为绿色物流做出了一定的贡献。物流企业也开始使用大数据、物联网、新材料等高新技术完成对仓储、包装和运输等方面工作的改造升级，从物流业长远健康发展的角度来看，仍应当大力发展绿色物流的理念，并将其作为物流法律体系的基本理念，增强物流行业的竞争优势。第四，在制定物流法律体系的过程中，要注意保持历史的连续性和继承性，充分考虑现有法律的地位和作用以及在实践中适用的实效，注意协调和衔接。法律的生命在于适用，同时要注意国内立法和国际规则的接轨，适应国际物流惯例在深度和广度上的更高要求。

其次，依照多数学者的观点，建立适应市场经济体制的物流法律规范体制应当从四个方面入手：物流主体法、物流行为法、宏观调控法和物流标准法。严格规范物流企业市场准入的相关规则，根据所处物流环节重要程度和影响力区分设立准入条件，严格规范物流企业的资质，减少挂靠现象的出现。逐步建立全国和地方的行业协会组织，将政府的部分管理职能放权给行业协会行使，行业协会各自负责管理物流领域的规则发布、执行和监管。加强物流业的行业协调和自律作用。大力推广和普及国际标准体系，以此为基础制定和完善我国物流业标准法，和国际标准接轨。加强物流术语、计量标准、技术标准、安全标准、卫生标准、数据传输标准、物流作业和服务标准等基础标准的建设。在具体的技术标准上，对托盘、集装箱等物流搬运和装卸设施、条形码等通用性较强的物流设施标准进行全面梳理、修订和完善，并形成系统的标准法律规范体系。

最后，应当明确物流法律的特殊举证规则和责任承担。普通的合同纠纷当中一般的举证原则为“谁主张谁举证”，物流活动中最普遍的纠纷为货物损毁赔偿案件，如果将举证责任全部分配给寄货方存在明显的不合理之处，物流承运方应当根据所承运货物的风险系数进行风险提示，及时告知可能产生的损害后果，并且根据货物所处的不同物流环节，各个责任主体之间的举证规则和责任承担也应当有所区分。目前在第三方物流的运行过程中一般承担严格责任，如《铁路法》第十七条规定："铁路运输企业应当对承运的货物、包裹、行李自接受承运时起到交付时止发生的灭失、短少、变质、污染或损坏，承担赔偿责任。"在仓储合同和委托合同中承担过错原则。《民法典》第九百一十七条规定："储存期内，因保管不善造成仓储物毁损、灭失的，保管人应当承担损害赔偿责任。"上述条款明确举证责任的承担有利于在具体的物流纠纷案件中明确当事人的举证责任分配以及对证据不足结果的承担。同时法律责任因为有国家强制力保证实施，可以更好地保障有关主体的合法权益，维护法律所调整的社会关系和社会秩序

6.1.3　民法典出台创造了立法契机

习近平总书记在十九届中央政治局第二十次集体学习时的讲话强调，有关国家机关要适应改革开放和社会主义现代化建设要求，加强同《民法典》相关联、相配套的法律法规制度建设，不断总结实践经验，修改完善相关法律法规和司法解释。加强同《民法典》相关联相配套的地方立法，梳理《民法典》中需要地方性法规配套的具体规定，并通过地方立法的形式落细落实，可以为物流促进法的制定提供契机。面对近年来我国物流业快速发展，物流需求不断增加，我国不断推进物流标准化建设，优化物流企业的营商环境的背景下，应加快制定物流促进法，完善物流市场监管体系，提升物流业的专业化、社会化、标准化、集约化水平。加速与国际接轨，帮助企业"走出去"。

6.2 物流促进法的政策可行性

6.2.1 相关政策发布时间分析

法律法规问题受到物流政策的持续关注。本研究统计了 2013 年至今我国发布的 60 余条物流相关的国家层面政策，每一年的政策文件都会提到需要完善物流业法律法规的建设。2013 年，工业和信息化部发布《关于推进物流信息化工作的指导意见》，意见提到需要加强对物流信息化法律法规的研究，贯彻落实相关法律法规，为物流信息化发展创造良好的法制环境；2014 年，国务院发布《国务院物流业发展中长期规划（2014—2020）》，规划指出健全物流业法律法规体系，抓紧研究制修订物流业安全监管、交通运输管理和仓储管理等相关法律法规或部门规章，开展综合性法律的立法准备工作，在此基础上择机研究制订物流业促进方面的法律法规；2015 年，国务院发布《关于促进快递业发展的若干意见》，意见提出加快制定快递条例和相关法规规章，提高快递业法治化、标准化水平；2016 年，发改委发布《“互联网+”高效物流实施意见》，意见指出需深化物流相关领域改革，系统梳理、修订、完善相关政策法规，打破地方保护和行业垄断，破除制约互联网与物流业融合创新发展的体制机制障碍，促进物流新业态、新模式发展；2017 年，国家邮政局发布《关于加快推进邮政业供给侧结构性改革的意见》，意见表示需加快推动“快递条例”颁布实施，制修订《快递业务经营许可管理办法》《邮政行业安全监督管理办法》《邮件快件实名收寄管理办法》等配套规章，积极参与电子商务立法工作；2018 年，国务院办公厅发布《关于推进电子商务与快递物流协同发展的意见》，意见提到强化制度创新，优化协同发展政策法规环境；2019 年，交通运输部发布《数字交通发展规划纲要》，纲要建议探索有利于数字交通创新发展的行业监管模式，推动完善相关法律法规体系，在规范发展、安全发展的前提下，营造有利于创新发展的政策环境；2020 年，国家邮政局发布《邮政强国建设行动纲要》，纲要指出为保障本纲要目标的实现，支撑战略任务落地，从组织、法治、政策、人才、实施等五个方面提出了要求。

物流业法律法规完善的需求持续存在。从关于政策统计数据可知，每年都有相关政策提到需完善相关法律法规，从而推进标准化的建设，优化物流企业的营商环境。近年来，我国物流业快速发展，物流需求不断增加，在各个部门和企业的共同努力下，信息化、现代化水平显著提高，服务功能不断拓展。物流业的专业化、社会化、标准化、集约化发展离不开法律法规体系的建设和完善。应加快制定物流相关法规制度，完善物流市场监管体系，加速与国际接轨，帮助企业“走出去”。

物流业法律法规尚未完善的问题仍未解决。从关于政策统计数据可知，对该问题进行阐述的物流政策数量并未呈现下降的趋势，甚至在 2020 年有增长的可能性，说明该问题仍未得到妥善解决。在物流业的快速发展中，法律内容适应性与统一性、市场监管、惩罚低效等方面存在明显短板。为进一步促进物流业的高质量发展，应推动完善相关法律法规规章，为提升物流发展营造良好的制度环境。

6.2.2 相关政策颁布部门分析

国家层面的物流政策为物流促进法立法打下了良好的基础，自2013年至今，国务院办公厅、交通运输部、国家发展和改革委员会、商务部、国家邮政局等各部门发布的60余条国家层面的物流业相关政策中，均出现了“强化法治措施”“健全法规制度”“推动完善相关法律法规体系”等文字，表现出国家各部门在积极关注物流业法律法规的建设。

国务院密切关注物流业发展，作为最高国家行政机关，国务院是在政策文件中提及完善物流业法律法规建设最多的部门，其在关于快递业、“互联网+”、电子商务、航运、道路货运、危险化学品运输等多方面的政策意见中均强调了法律法规对行业发展的促进作用。特别是在中共中央、国务院印发的《交通强国发展纲要》中提到，要“深化行业改革。坚持法治引领，完善综合交通法规体系，推动重点领域法律法规制定修订”。

交通运输部、国家发展改革委、商务部、国家邮政局等部门也从自身的职能角度出发，在其印发的政策文件中给出了相关业态的发展指导意见，指出健全政策法规的重要性，从而顺应现代技术创新和物流行业发展的需求。相关政策颁布部门统计图如图6.1所示。

当前，世界商业和流通的组织形态正在发生革命性变化，不管是生产方式还是消费模式，都因信息技术的创新而产生巨大的变化，对国家具有重大的战略意义。从我国各大部门发布的政策文件中，可以看到国家对于物流与供应链的概念、战略地位和战略作用的认识逐步深化，物流行业已上升为国家的战略产业，促进物流发展已

图 6.1　相关政策颁布部门统计图

成为党和国家的一项重要工作，这就为物流促进法立法提供了坚实的政策保障。

6.2.3　相关政策内容分析

1. 物流行业

《物流业发展中长期规划（2014—2020）》中指出，物流业是融合运输、仓储、货代、信息等产业的复合型服务业，是支撑国民经济发展的基础性、战略性产业。《关于促进快递服务与网络零售协同发展的指导意见》《关于促进快递业发展的若干意见》《深入实施“互联网+流通”行动计划的意见》《全国电子商务物流发展专项规划（2016—2020 年）》《快递业发展“十三五”规划》《关于推进电子商务与快递物流协同发展的意见》等政策为电商快递等行业近年来的快速发展提供了政策基础。《关于加快国际货运代理物流业健康发展的指导意见》《关于促进商贸物流发展的实施意见》等近 10 条政策也分别从不同领域的多业态出发，对物流各领域的发展进行了系统性的阐述。

《关于新时代服务业高质量发展的指导意见》《关于进一步鼓励开展多式联运工作的通知》《关于推进供给侧结构性改革 促进物流业“降本增效”的若干意见》《关于推进物流信息化工作的指导意见》等政策从信息化、供给侧结构性改革、降本增效、高质量发展等不同的发展角度，对物流业今后的任务进行了清晰的论述。上述政策文件明确了物流业未来的发展道路，指明了物流业发展方向，为物流促进法立法提供了非常好的政策基础。

我国物流业的相关政策涉及领域较多，包含有快递业、零售业、电子商务、冷链物流、国际货运、海运、空运、危险品运输、商贸物流等多方面，这些政策内容翔实、覆盖面广，对物流促进法立法起到了促进作用。

2. 交通运输行业

运输是物流的基本要素之一，中共中央、国务院印发的《交通强国建设纲要》（以下简称《纲要》）中 19 次提到“物流”两字，《纲要》明确表示，到 2035 年，基本建成交通强国，基本形成“全球 123 快货物流圈”，打造绿色的现代物流系统，推进电商物流、冷链物流、大件运输、危险品物流等专业化物流发展。此外，《纲要》还要求，优化运输结构，加快推进港口集疏运铁路、物流园区及大型工矿企业铁路专用线等“公转铁”重点项目建设，推进大宗货物及中长距离货物运输向铁路和水运有序转移。《内河航运发展纲要》《2020 年交通运输法制工作要点》《危险货物道路运输安全管理办法》等交通运输政策指出了有关方面的漏洞，完善了运输标准，提出要加强交通运输的法治建设，对物流促进法立法从侧面提供了政策支撑作用。

6.3　物流促进法的实践可行性

任何一项立法不仅需要政策上充分的合理性，还需要现实的可行性，现在制定物流促进法的立法时机已经成熟。

6.3.1　物流业主体对物流促进法立法提出迫切需求

1. 物流企业急需行业基本法

在进行问卷调查时，在 83 名受访者中，有 33 名受访者来自物流企业，而其中有 30 名，大约 91%的受访者认为制定物流促进法是有必要的，可以看出物流企业对物流促进法立法有着迫切的需求。物流业缺少作为“基石”的行业基本法，新兴业态存在法律空白以及现行法律法规缺乏对细节的关注等问题都严重影响着物流企业的进一步发展，如果不能很好地解决，容易妨碍行业进步。作为社会实践经验的总结，法律必然需要随着改革开放的脚步和社会实践的发展而不断发展，才能发挥引领和推动社会进步的作用。为此，必须抓住提高立法质量这个关键，不断提高立法效率，加快完善法律、行政法规、地方性法规体系，以及与之相配套的制度规定和社会规范体系，不断增强法律规范体系的及时性、系统性、针对性、有效性，为全面依法治国提供基本依据。而且面对中国物流业的现存问题，物流促进法的立法能起到良好的解决问题的作用，因此，物流促进法的立法迫在眉睫。

2. 制造企业需要物流促进法

这次调查中，从事制造行业的受访者有13名，该行业受访者仅次于物流行业，100%的受访者认为对物流促进法的立法是有必要的，可以看出制造企业对物流促进法立法有着最为迫切的需求。因为物流业的法律法规体系是由现代物流运输、仓储、装卸、包装、配送、搬运、流通加工和信息管理等环节相关的法律规范形成的整体，而制造业与其中的众多环节存在千丝万缕的联系，因而物流促进法的制定，也会有助于制造业的物流相关法律更为完善，物流行为更加规范，进而促进整个制造行业的发展。

3. 行业组织提倡促进法立法

这次调查中，有12名受访者来自行业协会，有91.7%的被受访者认为物流促进法的制定是非常重要的。2020年5月20日，中国物流与采购联合会正式对外发布了《2020年物流与供应链企业复工达产营商环境调查报告》，这也是中国物流与采购联合会连续第七次组织开展的年度行业营商环境调查。报告从复工达产、税务环境、财政环境、金融环境、通行环境、用工环境、未来展望七个方面就进一步完善营商环境提出了20条政策建议。这份报告被分送有关部门以及全国现代物流工作部际联席会议成员单位，为后疫情时代有关部门深化落实相关政策措施提供决策参考，可以看出行业已将物流促进法的立法作为一项主要工作，立法的紧迫性逐渐增强。

4. 政府部门重视物流促进法

在政府单位工作的受访者也都认为物流促进法的立法很有必要，我国已经形成了以宪法为核心，以宪法相关法、民法商法等多个法律部门的法律为主干，由法律、行政法规、地方性法规等多个层次法律规范构成的中国特色社会主义法律体系，经济、政治、文化、社会生活的各个方面基本都做到有法可依。因物流业是支撑国民经济发展的基础性、战略性、先导性产业，为了巩固物流降本增效成果，增强物流企业活力，提升行业效率效益水平，畅通物流全链条运行，党中央、国务院提出要推动物流的高质量发展，随即政府也提出了很多相关的法律法规，而物流促进法的制定，将更加有助于政府其他法律法规的执行，进而推动物流的高质量发展。

5. 研究机构建议制定促进法

这次调查中，来自研究机构的 9 名受访者也都认为制定物流促进法非常有必要性。因为研究机构会提供专业的物流咨询、物流园区规划、供应链优化、物流项目运营和物流人才培养等服务，如中投产业研究院的专业团队及合作单位，曾为招商局物流集团、联想控股、淘宝（中国）、海汇物流、中铁快运等客户提供专业的物流行业报告及策划服务，并获得了客户的高度认可。而物流促进法的立法将有助于弥补物流法律法规的空白及冲突，完善物流业的市场准入标准等，这都会促进研究机构工作的开展，以便更好地提供专业高效的咨询服务。因而，迫切需求制定物流促进法。

6.3.2 物流法治现状为物流促进法立法提供良好基础

我国虽然没有成熟的物流促进法的法律法规，但政府在对物流各个业态的管理中也逐渐摸索出了不少成熟的经验，制定了许多合理的并经实践检验确实可行的政策和制度。在我国制定物流促进法的活动中，可充分借鉴以往物流相关立法过程中所形成的经验，既可以使物流促进法立法更贴近社会实践，又有利于法律的贯彻执行，因为这些物流相关法律的立法都为物流促进法的立法提供了良好的基础。

1. 快递业

2015 年 10 月 23 日国务院发布的《国务院关于促进快递业发展的若干意见》中指出快递业是现代服务业的重要组成部分，是推动流通方式转型、促进消费升级的现代化先导性产业。近年来，我国快递业发展迅速，企业数量大幅增加，业务规模持续扩大，服务水平不断提升，在降低流通成本、支撑电子商务、服务生产生活、扩大就业渠道等方面发挥了积极作用。

目前，我国快递企业经营监管的相关法律法规主要是《中华人民共和国邮政法》《中华人民共和国邮政法实施细则》《国务院关于促进快递业发展的若干意见》《快递市场管理办法》《快递业务经营许可管理办法》《邮政行业安全监督管理办法》《邮政行政执法监督办法》《快递业务经营许可条件审核规范》《快递业务操作指导规范》《禁寄物品指导目录及处理办法》《快递企业等级评定管理办法（试行）》《邮政业标准化管理办法》《邮政业消费者申诉处理办法》，以及各省市邮政条例及地方人民政府制定的快递管理办法等。这些法律、行政法规、地方性法规、部门规章和地方政府规章，共同构成了我国快递业的法律法规体系，为我国快递业监管提供了法律依据。目前，我国与快递业相关的主要法律法规见表 6.1。

表 6.1 我国与快递业相关的主要法律法规

表现形式	名称	实施时间	具体条款
法律	中华人民共和国邮政法	2015 年 4 月 24 日	第六章第 51～60 条
行政法规	中华人民共和国邮政法实施细则	1990 年 11 月 12 日	全文
	国务院关于促进快递业发展的若干意见	2015 年 10 月 23 日	全文
地方性法规	大连市邮政条例	2014 年 8 月 27 日	第四章第 24～34 条
	长春市邮政条例	2019 年 8 月 1 日	全文
	吉林省邮政条例	2013 年 9 月 27 日	第四章第 29～33 条
	伊犁哈萨克自治州邮政管理条例	2015 年 2 月 6 日	第四章第 21～33 条
	安徽省邮政条例	2015 年 5 月 21 日	第四章第 23～33 条
	福建省邮政条例	2012 年 9 月 27 日	第四章第 28～37 条
	湖北省邮政条例	2017 年 11 月 29 日	第四章第 24～35 条
	贵州省邮政条例	2014 年 5 月 17 日	第五章第 33～42 条
	海南省邮政条例	2014 年 5 月 30 日	全文
	山东省邮政条例	2012 年 1 月 13 日	全文

续表

表现形式	名称	实施时间	具体条款
部门规章	快递市场管理办法	2008 年 7 月 8 日	全文
	快递业务经营许可管理办法	2009 年 10 月 1 日	全文
	邮政行业安全监督管理办法	2011 年 1 月 4 日	全文
	邮政行政执法监督办法	2014 年 11 月 20 日	全文
	快递业务经营许可条件审核规范	2009 年 9 月 2 日	全文
	快递业务操作指导规范	2011 年 8 月 11 日	全文
	禁寄物品指导目录及处理办法	2007 年 11 月 7 日	全文
	快递企业等级评定管理办法（试行）	2011 年 8 月 24 日	全文
	邮政业标准化管理办法	2012 年 10 月 9 日	全文
	邮政业消费者申诉处理办法	2014 年 8 月 27 日	全文
地方政府规章	福建省促进快递行业发展办法	2017 年 5 月 3 日	全文
	广东省快递市场管理办法	2013 年 4 月 17 日	全文
	无锡市快递管理办法	2014 年 9 月 22 日	全文
	深圳市发展快递业管理规定	2014 年 8 月 1 日	全文
	山东省寄递安全管理办法	2015 年 1 月 13 日	全文

2. 冷链物流

冷链物流是传统物流领域如运输、仓储、流通加工、包装的延伸，所以适用于一般物流的法律法规一般也适用于冷链物流。另外，由于冷链物流的商品多涉及食品、生鲜、药品等，所以涉及的法律法规也与这些商品直接相关。从本质上来说，冷链物流对物流环节提出了更高的技术标准和要求，所以各类冷链执行标准也扮演着重要角色。

目前，我国冷链物流企业经营监管的相关法律主要有食品卫生领域的《中华人民共和国食品安全法》和医药领域的《中华人民共和国药品管理法》，此外，还有一些行政法规和部门规章，如《中共中央国务院关于加大统筹城乡发展力度进一步夯实农业农村发展基础的若干意见》《国务院办公厅关于加强鲜活农产品流通体系建设的意见》《国务院关于深化流通体制改革加快流通产业发展的意见》《疫苗流通和预防接种管理条例》《医疗器械监督管理条例》《医疗用毒性药品管理办法》《药品经营质量管理规范》《药品流通监督管理办法》《疫苗储存和运输管理规范》《麻醉药品和精神药品运输管理办法》等。这些法律、行政法规、部门规章、强制性标准等，共同构成了我国冷链物流领域的法律法规体系，为我国冷链物流领域的监管提供了法律依据。目前我国与冷链物流有关的法律法规见表 6.2。

表 6.2　我国与冷链物流相关的法律法规

表现形式	名称	实施时间	具体条款
法律	中华人民共和国食品安全法	2021 年 4 月 29 日	第 33、46 条
	中华人民共和国药品管理法	2019 年 12 月 1 日	第 52～54，76 条
行政法规	中共中央国务院关于加大统筹城乡发展力度进一步夯实农业农村发展基础的若干意见	2009 年 12 月 31 日	第 11 条
	国务院办公厅关于促进物流业健康发展政策措施的意见	2011 年 8 月 2 日	第 8 条
	国务院办公厅关于加强鲜活农产品流通体系建设的意见	2011 年 12 月 13 日	全文
	关于加快推进农业科技创新持续增强农产品供给保障能力的若干意见	2012 年	第 21 条
	国务院关于深化流通体制改革加快流通产业发展的意见	2012 年 8 月 3 日	第 6 条
	疫苗流通和预防接种管理条例	2005 年 3 月 24 日	第 10～18 条
	医疗器械监督管理条例	2020 年 12 月 21 日	第 33 条
	医疗用毒性药品管理办法	1988 年 12 月 27 日	第 6 条
部门规章	药品经营质量管理规范	2016 年 6 月 30 日	第 2、49～51、83、100～112 条
	药品流通监督管理办法	2006 年 12 月 8 日	第 19、26 条
	疫苗储存和运输管理规范	2006 年 3 月 8 日	第 15～23 条
	麻醉药品和精神药品运输管理办法	2015 年 11 月 8 日	第 8～9 条
	水产品批发市场管理办法	1996 年 11 月 27 日	第 8、15 条

3. 多式联运

随着经济全球化进程的加快，传统运输服务方式已经难以适应当今社会的需要，多式联运以其巨大的优越性受到越来越多国家的重视和运用。随着集装箱运输和现代物流的蓬勃发展，多式联运在我国运输业中占据了相当的规模，且在不断地扩张中。

目前，交通运输部已经启动了《综合运输促进法》和《多式联运法》的立法研究工作，将加快研究多式联运经营人服务规范，促进全程运输组织与业务操作流程优化。加快推进多式联运基本术语、运行规则、信息交换、装备技术、统计监测等方面的标准规范建设，加强不同运输方式的标准衔接，为多式联运经营人营造宽松公平的发展环境。

除了法律、行政法规、部门规章之外，还需要借助我国最高人民法院颁布的司法解释等相关规定。我国与货物多式联运相关的法律法规见表 6.3。

表 6.3　我国与货物多式联运相关的法律法规

表现形式	名称	实施时间	具体条款
法律	中华人民共和国海商法	1993 年 7 月 1 日	第四章第 8 节
	中华人民共和国民法典	2021 年 1 月 1 日	第三编第十九章第四节
	中华人民共和国海关法	2021 年 4 月 29 日	第 14～22 条
	中华人民共和国国境卫生检疫法	1987 年 5 月 1 日	第 9、18 条

续表

表现形式	名称	实施时间	具体条款
法律	中华人民共和国进出口商品检验法	2021 年 4 月 29 日	全文
行政法规	国际集装箱多式联运管理规则	1997 年 3 月 14 日	第 1～43 条
	国际集装箱多式联运国内段费收办法	1990 年 7 月 28 日	全文
	中华人民共和国海关对用于运输海关加封货物的国际集装箱核发批准牌照的管理办法	1986 年 6 月 4 日	全文
	海上国际集装箱运输电子数据交换管理办法	1997 年 5 月 4 日	全文
	中华人民共和国国际货物运输代理业管理规定	1995 年 6 月 29 日	全文
	中华人民共和国国际货物运输代理业管理规定实施细则	1998 年 2 月 18 日	全文
	中华人民共和国国际海运条例	2019 年 3 月 2 日	全文

此外，我国货物多式联运的管理涉及各种单式运输法律法规，如 1987 年全国人民代表大会常务委员会颁布（2000 年、2013 年分别修正）的《中华人民共和国海关法》、1986 年海关总署颁布的《中华人民共和国海关对用于运输海关加封货物的国际集装箱核发批准牌照的管理办法》、1991 年全国人民代表大会常务委员会颁布的《中华人民共和国进出境动植物检疫法》、1989 年全国人民代表大会常务委员会颁布（2002 年修正）的《中华人民共和国进出口商品检验法》及其实施条例、1986 年全国人民代表大会常务委员会颁布的《中华

人民共和国国境卫生检疫法》及其实施细则、1997 年交通部颁布的《海上国际集装箱运输电子数据交换管理办法》等法律法规均有涉及多式联运区段责任、我国进出口集装箱和货物监管、国际货运代理人等内容；同时对我国生效的《1972 年集装箱海关公约》等国际公约对我国的国际货物多式联运也有约束力，这些都是了解我国多式联运立法大环境并进行系统研究的理论基础。

4. 危险品物流

危险品作为一种特殊商品，一旦偏离正常的物流过程，就会造成相当大的经济损失、环境危害和负面的社会影响。危险品物流过程中发生的事故通常都是灾难性事故，将导致政府和企业陷入极端困难的境地。法治建设是危险化学品安全管理的基础和保障，也是开展各项应急活动的主要依据。近年来，我国政府相继颁发了一系列与危险品物流相关的法律法规，涉及应对突发事件的法律、行政法规和部门规章大约有 130 部，还有 120 部相关文件，这些构成了我国应急法制体系基础。目前，与危险品物流相关的法律法规见表 6.4。

表 6.4　与危险品物流相关法律法规

表现形式	名称	实施时间	具体条款
法律	中华人民共和国海上交通安全法	2021 年 9 月 1 日	第六章第 32～33 条
	中华人民共和国突发事件应对法	2007 年 11 月 1 日	第 20、23、49、56 条
	中华人民共和国道路交通安全法	2021 年 4 月 29 日	第 48 条

续表

表现形式	名称	实施时间	具体条款
法律	中华人民共和国固体废物污染环境防治法	2020 年 4 月 29 日	第四章 第 50～66 条
行政法规	危险化学品安全管理条例	2013 年 12 月 7 日	全文
	港口危险货物管理规定	2019 年 11 月 28 日	全文
	道路危险货物运输管理规定	2005 年	全文
	铁路危险货物运输安全监督管理规定	2022 年 12 月 1 日	全文
	水路危险货物运输规则	1996 年	全文
	中华人民共和国船舶载运危险货物安全监督管理规定	2018 年 9 月 15 日	全文
	中华人民共和国内河交通安全管理条例	2019 年 3 月 2 日	第四章 第 30～34 条
	中华人民共和国监控化学品管理条例	2011 年 1 月 8 日	全文
	易制毒化学品管理条例	2018 年 9 月 18 日	全文
	突发公共卫生事件应急条例	2011 年 1 月 8 日	全文

6.3.3 相关行业法治建设为物流促进法提供重要参考

我国目前已有大量与物流行业相关的行政法规、规章和规范性文件，它们为今后着手实施较大范围的物流促进法立法奠定了必要的基础。

首先，现有法律起到立法示范作用。现在国内已经制定出台的物流相关行业法律涉及电子商务、零售业、交通运输业等领域，为物流领域的物流促进法的研究、制定做了铺垫。

其次，现有行政法规规章形成了比较全面的规制范围。这些法规规章在规制范围上囊括了当下我国物流行业发展的主要领域，使立法、修法工作有所依据。

我国现有物流相关行业法律规定的实际运行效果、各部门各层级法律规定的设置现状等，为今后物流促进法立法体制的确立和运行，立法程序形成和进行，立法表达等立法技术性问题提供了重要的参考。

1. 电子商务

1）电子商务的内涵

电子商务界将电子商务定义为“通过互联网等信息网络销售商品或者提供服务的经营活动”。

2）电子商务法的适用范围

《中华人民共和国电子商务法》于 2018 年 8 月 31 日颁布，2019 年 1 月 1 日起正式施行，整部法律对电子商务经营者、电子商务合同的订立与履行、电子商务争议解决、电子商务促进、法律责任五个大方面做了明确规定。将其条文对照到真实的电子商务场景中，突出的则是经营主体的登记、纳税、平台经营者的责任与义务、知识产权保护等问题。《中华人民共和国电子商务法》的颁布，无论是对消费者、经营者还是对我国整个电子商务行业来说，都具有非凡的意义。

理解电子商务法的效力，应紧扣第 2 条第 1 款的“境内”。具体而言，以下情形适用《中华人民共和国电子商务法》。

第一，在我国境内电子商务平台上发生的交易。除当事人另有约定外，在我国境内电子商务平台（电子商务平台经营者在我国境内依法注册登记）发生或者依托我国境内电子商务平台进行的交易，不论交易双方是否为我国境内的自然人、法人和非法人组织，即交易双方均为外国人，交易双方均为我国境内的自然人、法人或者非法人组织，或者交易一方为我国境内的自然人、法人或者非法人组织，均适用我国电子商务法。

第二，交易双方当事人均为我国自然人、法人和非法人组织。即使其利用境外电子商务平台进行交易，也适用我国电子商务法，当事人另有约定除外。

第三，境外经营者在境外建立网站或者通过境外平台向我国境内的自然人、法人和非法人组织销售商品或者提供服务。如果买方或者服务接受者为消费者，应适用我国电子商务法，除非消费者选择适用商品、服务提供地法律或者消费行为发生在境外。如果买方或者服务接受者为我国境内的法人或者非法人组织，双方可以约定适用我国电子商务法；在当事人没有特别约定时，如果境外经营者介绍商品或者服务使用的语言文字、支付方式、快递物流等明显指向我国境内的法人或者非法人组织，即有向中国境内的法人或者非法人组织销售商品或者提供服务的明显意图，应适用我国电子商务法。

第四，我国与其他国家、地区所缔结或参加的国际条约、协定规定跨境电子商务活动适用我国电子商务法。适用我国电子商务法，既包括《中华人民共和国电子商务法》中的相关条款，也包括涉外民事法律关系适用法以及依照《中华人民共和国电子商务法》第二十六条规定的跨境电子商务应当遵守有关进出口监督管理的法律、行政法规。

3）《中华人民共和国电子商务法》关键内容解读

对电子商务经营主体进行了明确的定义与划分。《中华人民共和国电子商务法》第九条将电子商务经营者分为“平台”“平台内”“其他”三类，无论是京东、天猫这样的电商平台及其商家，还是通过App、微信公众号、朋友圈（微商）进行销售的经营者都适用于《中华人民共和国电子商务法》。

明确电子商务经营者办理登记、依法纳税、办理纳税登记的义务。《中华人民共和国电子商务法》第十条规定，电子商务经营者应当依法办理市场主体登记，并免除了小市场主体登记的义务。这意味着正式将个人卖家纳入监管范围，但也给从事网络销售活动的自然人留下了一定的空间。上述条文提高了电商平台的入驻门槛和经营者的素质，为规范经营者的管理也做好了铺垫。《中华人民共和国电子商务法》第十一条强调了电子商务经营者应当履行纳税并如实申报纳税的义务；第二十八条第二款则强调了电子商务平台经营者应依法向税务部门报送平台内经营者身份信息和与纳税有关信息的义务，上述两条条文则是基于近年来我国电商行业范围内偷税漏税较为突出的现象，《中华人民共和国电子商务法》将税收问题规定于其中，对缓解电商行业偷税漏税的现象将会起到积极作用，也足以看出国家对税收的重视。

明确平台经营者的连带责任、相应责任，规定平台经营者对平台内经营者身份和信息的管理义务。《中华人民共和国电子商务法》第二十七条规定，电子商务平台经营者对申请进入平台销售商品或者提供服务的经营者，从其提交的身份、地址、联系方式、行政许可等真实信息进行实质上的审核；第三十八条规定，电子商务平台经营者知道或应当知道平台内经营者有侵害消费者合法权益行为而未采取必要措施的，依法与平台内经营者承担连带责任；第四十条规定，对于竞价排名的商品或者服务，应当显著标明“广告”。上述三条条文对保护消费者权益、维护消费者利益具有非常重要的现实意义，“魏则西事件”则具有较强的代表性。事件中的“武警北京总队二医院”通过百度竞价排名使其居于搜索结果首位，且事实证明魏则西是接受了该医院的无效治疗而使病情延误导致了死亡，此事一出即引发了社会的广泛关注。如果百度尽到了平台的审核义务，并在搜索结果中显著标明“广告”，那么“魏则西事件”就不会发生。究其根源，一是当时没有真正意义法律层面上的规定；二是“犯罪成本”低，竞价排名所获得的收益远高于出事后所需支付的赔偿。此部《中华人民共和国电子商务法》对平台经营者的责任和义务给出明确的规定，并为电商平台经营者和平台内经营者划定了红线，违法将面临巨额罚款。

拒绝大数据杀熟。《中华人民共和国电子商务法》第十八条规定，电子商务经营者在为消费者提供个性化推荐时，也应同时提供不针对其个人特征的选项。在大数据技术不断发展的背景下，电子商务经营者可以根据消费者的交易行为分析消费者的喜好，非常准确地对用户进行“画像”，为不同“画像”的用户推荐相应的产品和服务。为用户提供个性化的商品或者服务，满足其个性化需求本应是电商行业的一个痛点，但通常出现同一个平台，同一款产品，老顾客的价格比新顾客的价格更高的现象，则使消费者在电商交易环节处于不对等地位。这条法条强调了平等对待消费者，让消费者能够把知情权和选择权始终掌握在自己手中。

拒绝商品搭售。《中华人民共和国电子商务法》第十九条规定不得将搭售商品或者服务作为默认同意的选项，订酒店搭个温泉服务、买机票搭个专车接送服务，这样默认的搭售行为在《中华人民共和国电子商务法》出台前被诟病已久，这条法条则明确禁止了默认搭售的行为。站在消费者的角度来说有利于自身权益，同时条文中体现出的不反对套餐式销售的意思，也照顾了经营者的利益。

建立信用评价制度，完善信用评价规则。《中华人民共和国电子商务法》第三十九条规定，电子商务平台经营者应当建立健全信用评价制度，公示信用评价规则，为消费者提供对平台内销售的商品或者提供的服务进行评价的途径。电子商务平台经营者不得删除消费者对其平台内销售的商品或者提供的服务的评价。在我们日常网购中经常会遇到“好评返现”，商家利用“小恩小惠”诱导消费者为其商品或者服务给出好评，有甚者花钱购买专门的“水军”刷好评。这条法条是对电商“刷单”现象的针对性规定，明确禁止该行为。随着《中华人民共和国电子商务法》的深入实施，“刷单”现象将会得到有效遏制，还消费者一个真实的购买场景。

平台具有知识产权保护的义务。《中华人民共和国电子商务法》第四十条、第四十二条、第四十三条、第四十四条、第四十五条分别从建立相应的保护规则、侵权时可采取的措施、侵权时未采取措施应负的责任、恶意发出错误通知的后果、公示的义务、转送声明的义务、终止措施等方面强调了平台经营者在知识产权保护方面的法律义务。这些法条对平台的经营者而言，不仅增加了其经营责任，而且还要求其对平台内所产生的知识产权方面的问题负责。平台既是传达者也变成了措施的执行者，如果平台要想完全落实法条，做到快速、正确、高效地解决平台内发生的知识产权问题，需要从两个方面做准备。首先，需要平台与知识产权人建立合作关系，提前设定好相关的运作规则；其次，需要提高平台对知识产权问题的判断和识别能力。这样才能为打击侵权行为扫除障碍，快速解决平台内发生的知识产权争端。

建立担保机制，承担先行赔偿责任。《中华人民共和国电子商务法》第五十八条包含“鼓励电子商务平台经营者建立质量责任担保机制、设立消费者权益保证金以及承担先行赔偿责任”三个方面。虽然设立担保机制属于非强制的倡导性规定，其中先行赔偿相关的条款也援引自《消费者权益保护法》，但不难看出这条法条是直接使消费者受益，扎扎实实保护了消费者的切身权益，在保障商品和服务质量方面的意义也是非常值得肯定的。

2. 医药行业

1）我国药品流通现状

当前，我国约有 1.3 万家医药批发企业，36.2 万家医药销售店，但我国医药分销企业集中度普遍不高，产业格局存在多、小、散的特点。近年来医药流通企业在持续发展，企业规模及运行也在日趋规范化。

药品销售渠道多种多样，但是医院依然是药品销售的主要渠道，尤其是对于特殊药品及处方类药品来说，医院拥有绝对控制权及销售权。近年来，我国通过处方权销售的药品占全国药品消售总量的 80%以上，占医院药品销售总量的 70%，在医院总收入中占比超四成。

伴随着当前网上购物的流行与发展，网上药店的开张也为药品的流通开辟了一条新的途径。2014—2015 年度网上药店前 20 强的销售额已经达到 610 831.02 万元，同时这一数据还在不断增长中。同时处方药的“互联网销售”在未来将逐步展开，早期包括阿里巴巴在内的互联网巨头已经试水互联网处方药销售，其便利性和性价比已经有所体现，而未来网上药店有可能和医保挂钩，这无疑是网上药店的极大利好。

2）医药流通行业主要法律法规

我国医药管理相关的法律、法规以及规范性文件见表 6.5。

表 6.5　我国医药管理相关的法律、法规以及规范性文件

行业法规	实施时间	主要内容
中华人民共和国药品管理法	2015 年 4 月 24 日	规定了生产、经营许可证制度，GMP、GSP 认证制度等一系列的行之有效的制度
药品经营许可证管理办法	2017 年 11 月 7 日	规定了开办药品批发企业，须经企业所在地省、自治区、直辖市人民政府药品监督管理部门批准并发给“药品经营许可证”，无“药品经营许可证”的，不得经营药品
药品经营质量管理规范	2016 年 7 月 13 日	规定了药品经营企业在药品采购、储存、销售、运输等环节采取有效的质量控制措施，确保药品质量，并按照国家有关要求建立药品追溯系统，实现药品可追溯
药品流通监督管理办法	2007 年 1 月 31 日	规定了医药商业企业药品仓储、运输、购销等各种条件
医疗器械监督管理条例	2017 年 5 月 4 日	规定了对医疗器械按照风险程度实行分类管理；国务院食品药品监督管理部门负责制定医疗器械的分类规则和分类目录，并根据医疗器械生产、经营、使用情况，及时对医疗器械的风险变化进行分析、评价，对分类目录进行调整

续表

行业法规	实施时间	主要内容
中华人民共和国食品安全法	2018年12月29日	规定了对食品、食品添加剂、食品相关产品的生产经营及使用，以及食品的贮存和运输过程进行安全管理
互联网药品交易服务审批暂行规定	2005年10月25日	规定了食品药品监督管理部门要强化“药品生产企业许可”“药品批发企业许可”“药品零售企业许可”，对互联网药品交易服务企业严格把关
互联网药品信息服务管理办法	2004年7月8日	规定了提供互联网药品信息服务网站所登载的药品信息必须科学、准确，必须符合国家的法律、法规和国家有关药品、医疗器械管理的相关规定；各省、自治区、直辖市（食品）药品监督管理局对本辖区内申请提供互联网药品信息服务的互联网站进行审核，符合条件的核发“互联网药品信息服务资格证书”
处方药与非处方药分类管理办法（试行）	1999年6月18日	规定了按药品品种、规格、适应症、剂量及给药途径不同，对药品分别按处方药与非处方药进行管理；处方药必须凭执业医师或执业助理医师处方才可调配、购买和使用，非处方药不需要凭执业医师或执业助理医师处方即可自行判断、购买和使用
药品医疗器械飞行检查办法	2015年6月29日	规定了由食品药品监督管理部门针对药品和医疗器械研制、生产、经营、使用等环节开展的不预先告知的监督检查；食品药品监督管理部门应当按照政府信息公开的要求公开检查结果，对重大或者典型案件，可以采取新闻发布等方式向社会公开

3）主要行业政策及解读

第一，《全国药品流通行业发展规划（2016—2020年）》提出，为完成2020年实现药品流通行业发展基本适应全面建成小康社会的总体目标和人民群众不断增长的健康需求的目标，需要开展的任务包括：构建遍及城乡的流通网络，提升行业集中度，推进“互联网+药品流通”，创新零售服务模式等。

以公司为代表的院外市场医药流通综合服务企业，将服务下沉至基层医疗机构，有力地支持了国家对基层医疗机构的建设规划；在区域内率先引入互联网及大数据技术，大幅提高流通效率，降低流通成本。

第二，《国务院办公厅关于进一步改革完善药品生产流通使用政策的若干意见》（国办发〔2017〕13 号），鼓励推动药品流通企业转型升级，打破医药产品市场分割、地方保护，推动药品流通企业跨地区、跨所有制兼并重组，培育大型现代药品流通骨干企业。同时对医药流通领域的不规范情形进行严厉的打击，如虚假交易、伪造记录、非法渠道购销药品、商业贿赂、价格欺诈、价格垄断以及伪造、虚开发票等违法违规行为。该意见一方面有利于以公司为代表的地方流通企业进行跨区域布局与整合；另一方面，随着对不规范流通行为的打击，出清了部分违法违规企业，净化了行业的经营环境与竞争环境。

第三，“医药分开”“取消药品加成”“分级诊疗”“处方外流”等医疗体制改革热点政策。自 2009 年推行医疗体制改革以来，“医药分开”一直是核心内容之一，近年探索出的“取消药品加成”“分级诊疗”“处方外流”等改革方向逐渐得到明确、强化，院外市场承载着公立医院改革推动的流出，形成千亿级的市场增量空间，院外医药流通行业将迎来发展黄金期。

2017 年 4 月，国务院办公厅印发《深化医药卫生体制改革 2017 年重点工作任务的通知》，提出要探索医疗机构处方信息、医保结算信息与药品零售消费信息互联互通、实时共享。

2017 年 9 月，城市公立医院全面取消药品加成后，医院药房从利润中心变为成本中心，在医药分开的大背景下，“处方外流”已成大势所趋。

2018 年 4 月，国务院办公厅印发《关于促进“互联网+医疗健康”发展的意见》，要求医疗联合体要积极运用互联网技术，加快实现医疗资源上下贯通、信息互通共享、业务高效协同，便捷开展预约诊疗、双向转诊、远程医疗等服务，推进“基层检查、上级诊断”，推动构建有序的分级诊疗格局；再次强调探索医疗卫生机构处方信息与药品零售消费信息互联互通、实时共享，促进药品网络销售和医疗物流配送等规范发展，还提出要“推行医保智能审核”“一站式结算”等利于“处方外流”的具体措施。

第四，实施“两票制”，对院外市场无不利影响且能促使医药生产企业向院外市场战略转移。“两票制”是指药品生产企业到流通企业开一次发票，流通企业到医疗机构开一次发票。为特别偏远、交通不便的乡（镇）、村医疗卫生机构配送药品，允许药品流通企业在“两票制”基础上再开一次药品购销发票，以保障基层药品的有效供应。

第五，“4+7 带量采购”对院外市场无不利影响。国家组织药品集中采购试点，试点地区范围为北京、天津、上海、重庆和沈阳、大连、厦门、广州、深圳、成都、西安 11 个城市（简称“4+7”）。试点地区委派代表组成联合采购办公室作为工作机构，代表试点地区公立医疗机构实施集中采购。

“4+7 带量采购”主要针对二级及以上的公立医疗机构，因此对院外市场不存在不利影响。

综上所述，在国家医疗体制改革的推动下，医药流通行业的跨区域发展成为方向、集中度提升成为趋势、规范度提升成为共识，在较长时期内，院外市场将持续增长。对以合纵药易购为代表的专注院外医药流通市场、积极布局跨区域发展且规范运作的企业而言，面临较好的政策和市场环境。

3. 国际贸易

国际贸易是指跨越国境的货品和服务交易，一般由进口贸易和出口贸易组成，因此也可称之为进出口贸易。国际贸易是指世界各个国家（或地区）在商品和劳务等方面进行的交换活动。它是世界各国或地区在国际分工的基础上相互联系的主要形式，反映了世界各国或地区在经济上的相互依赖关系，是由各国对外贸易的总和构成的。

为保证国际贸易能够顺利进行，使国际贸易得到法律的承认与保护，国际贸易业务必须符合法律规范。但由于国际贸易的当事人一般身处不同的国家或地区，具有不同的法律和制度，因此，国际贸易所适用的法律法规有较大的不同。概括起来，国际贸易所适用的法律法规主要有国际条约、国际贸易惯例、国内法等。

1）国际贸易法的含义

国际贸易法是调整不同国家之间商品交易关系及附属于这种交易关系的其他关系，包括国际商品货物运输、保险、支付与结算、调解与仲裁等关系的法律规范的总和。国际贸易法包括三种规范：

直接规定双方当事人权利与义务的实体法规范，这是主要的规范；冲突规范，在缺乏上述实体法规范时使用；专门处理国际贸易中争议的程序规范。

2）国际贸易相关法律

（1）国内关于国际贸易的法律。

《民法典》适用于国际货物买卖的国内立法，自 2021 年 1 月 1 日起正式生效。《中华人民共和国海商法》适用于国际货物运输与保险的国内立法，1992 年颁布，自 1993 年 7 月 1 日起正式生效。《中华人民共和国票据法》适用于国际货款收付的国内立法，自 1996 年 1 月 1 日起施行。《中华人民共和国对外贸易法》（1994 年颁布）、《中华人民共和国海关法》（1987 年颁布）、《中华人民共和国进出口商品检验》等，适用于对外贸易管理的国内立法。《中华人民共和国仲裁法》适用于国际商事仲裁的国内立法。此外，主要的国贸条例还有《中华人民共和国货物进出口管理条例》（2001 年颁布）、《中华人民共和国国际海运条例》（2001 年颁布）、《中华人民共和国反倾销条例》（2001 年颁布）。

（2）国际商事中的主要国际条约。

关于国际货物买卖的公约，主要有《国际货物买卖统一法公约》（海牙，1964 年）、《联合国国际货物买卖时效期限公约》（纽约，1974 年）、《联合国国际货物买卖合同公约》（维也纳，1980 年）；关于国际货物运输的公约，主要有《统一提单的若干法律规则的国际公约》（1924 年）、《统一国际航空运输某些规则的公约》（简称《华沙公约》，1929 年）、《国际铁路货物联运协定》（简称《国际货协》，1951 年）、《修改华沙公约的议定书》（简称《海牙议定书》，1955 年）、《关于铁路货物运输的国际公约》（简称《国际货约》，1961 年）、《有关修改统一提单若干法律规则的国际公约的议定书》（1968 年）、《联合国海上货物运输公约》（简称《汉堡规则》，1978 年）、《联合国国际货物多式联运公约》（1980 年）。

关于国际支付的公约，主要有《汇票、本票统一法公约》（日内瓦，1930 年）、《解决汇票、本票法律冲突公约》（日内瓦，1930 年）、《统一支票法公约》（日内瓦，1931 年）、《解决支票法律冲突公约》（日内瓦，1933 年）、《联合国国际汇票与国际本票公约》（1988 年）；关于对外贸易管理的公约，主要有《世界贸易组织协议》（马拉喀什，1994）；关于贸易争端解决的公约，主要有《关于承认和执行外国仲裁裁决的公约》（纽约，1958 年）、《关于争端解决规则和程序的谅解》（马拉喀什，1994 年）。

关于国际投资的公约，主要有《解决一国与他国国民投资争议的公约》（简称华盛顿公约）、《多边投资担保机构公约》（简称汉城公约，1985 年）；关于知识产权的公约，主要有《保护工业产权巴黎公约》（巴黎，1967 年）、《伯尔尼公约》（伯尔尼，1971 年）、《世界版权公约》（日内瓦，1971 年）、《商标注册马德里公约》（马德里，1995 年）。

3）相关法律关键内容解读

（1）常用的国际贸易惯例。

目前，国际贸易领域，在国际贸易术语方面的惯例主要有国际商会制定的《2000 年国际贸易术语解释通则》、国际法协会制定的《1932 年华沙 – 牛津规则》、美国全国对外贸易协会制定的《美国对外贸易定义修正本》。在国际货款的收付方面的惯例主要有国际商会制定的《跟单信用证统一惯例》(国际商会第 500 号出版物)、国际商会制定的《托收统一规则》1995 年修订本(国际商会第 522 号出版物)。在运输与保险方面主要有英国伦敦保险协会制定的《伦敦保险协会货物保险条款》、中国人民保险公司制定的《国际货物运输保险条款》、国际海事委员会制定的《约克－安特卫普规则》。在国际仲裁方面，主要有联合国国际贸易法委员会制定的《联合国国际贸易法委员会仲裁规则》。

(2)国际条约、国内法及国际惯例的适用。

自动生效的国际条约，一经该国批准，自动产生效力。当事人可直接援引。对于非自动生效的国际条约，即使该国批准，也不对其居民产生直接约束力，只有经该国立法机关制定了有关实施该条约的法律后，才对其居民具有约束力。国际惯例具有民间的非官方性质，因此不需要国家立法机关的批准。国际惯例多与当事人约定有关，而不与国内法或国际条约相关。在当事人的约定与其采用的国际惯例矛盾时，法院将根据当事人的意图予以解决。

(3)国际贸易中与海关相关的法律。

海关是国家在政府部门里设立的监督管理进出口事务和征收关税的专门机构。海关法是关于海关管理进出口和征收关税、查缉走私、编制海关统计和办理其他海关业务的法律规范的总称。近现代海关法产生于 18 世纪工业化时代。海关业务随着国际贸易的开展迅速发展，各主权国家为加强外贸管理，极重视海关法制定，以扩大出口，保护民族工业。因此，在各国的法律体系中，海关法都占有十分重要的地位。

我国《中华人民共和国海关法》共设 9 章 102 条，其主要包括以下内容。

① 海关组织制度。包括海关的设置原则、海关总署和各地海关机构的隶属关系和管理体制、海关的任务和职权等，均以法律的形式作出了明确的规定。

② 海关监管制度。主要规定海关对进出境的运输工具、货物、行李物品和邮递物品监管的主要程序、要求和手续，进出境运输工具负责人、货物的收发货人、物品所有人以及他们的代理人在办理海关手续、接受海关监管方面的权利和义务。

③ 关税制度。主要规定我国的关税政策，如关税征收、减免、原则和手续，纳税义务人的权利和义务，纳税争议的处理程序等。

6.3.4　政府法治体系为物流促进法立法提供有力保障

党的十九届四中全会明确要求“构建职责明确、依法行政的政府治理体系”。政府治理法治体系的加快健全完善，在推进依法行政、建设法治政府进程中发挥着特别重要的职能作用。随着我国法治建设的快速发展，政府已在法治体系建设主体、体系内容等方面取得了不菲的成绩，同时政府对物流的扶持力度也在加大，这些均为物流促进立法提供了有力的保障，有助于促进健全我国物流业法律法规体系。

1. 立法主体日益健全

我国现有的物流业法律法规主要是由全国人民代表大会以及常务委员会、国务院、各省市人民代表大会及其常务委员会，以及各行政部门等颁布的法律、行政法规、部门规章制度、条例等构成的。

法治建设主体日益健全，国家政府和地方政府的功能作用逐渐增强和明确，对完善我国物流业法律法规体系提供了立法基石。

党的十八大以来，中国特色社会主义法治体系不断完善，依法行政持续深入，法治政府建设成效明显，政府治理的各方面、各领域、各层次总体上实现了有法可依。健全了部门协调配合机制，强化工作统筹，完善部门之间相互支持、密切配合、信息共享的联动机制，加大部门之间分歧的协商会商力度，努力达成共识，同向发力，使各项制度相互促进，相得益彰。

在我国，国家立法权由全国人民代表大会及其常务委员会行使。全国人民代表大会制定和修改刑事法律、民事法律、国家机构组织法和其他基本法律。全国人民代表大会常务委员会制定和修改除应当由全国人民代表大会制定的法律以外的其他法律，并可以对全国人民代表大会制定的法律进行部分补充和修改，但是补充和修改不得同该法律的基本原则相抵触。

但是，考虑到中国幅员辽阔，情况复杂，各地发展不平衡，中国法律还规定，除全国人民代表大会及其常务委员会制定法律外，国务院根据宪法和法律，可以制定行政法规；省、自治区、直辖市的人民代表大会及其常务委员会在不同宪法和法律、行政法规相抵触的前提下，可以制定地方性法规，批准较大的市的人民代表大会及其常务委员会制定的地方性法规；民族自治地方的人民代表大会有权依照当地民族的政治、经济和文化的特点，制定自治条例和单行条例。此外，国务院各部门和具有行政管理职能的直属机构根据法律和行政法规，可以在其职权范围内制定部门规章；省、自治区、直辖市和较大的市的人民政府，根据法律、行政法规和本省、自治区、直辖市的地方性法规，可以依法制定规章。

2. 立法程序公正严明

为使法律符合公众的根本利益和国家的整体利益，中国法律对立法程序和制定法规程序作了详细的规定。全国人民代表大会常务委员会审议法律案一般实行“三审制”，即法律案一般应当经过三次常务委员会会议审议后再交付表决，对重大的、意见分歧较大的法律草案，审议的次数可以超过三次，如《物权法》草案经过全国人民代表大会常务委员会七次审议后，才提请第十届全国人民代表大会第五次会议审议通过。提请全国人民代表大会审议的法律草案，要经过代表大会会议、代表团全体会议、代表小组会议的反复审议；提请全国人民代表大会常务委员会审议的法律草案，要经过常务委员会全体会议、分组会议的反复审议。每部法律的出台，都要经过反复审议，充分讨论，基本达成一致意见后，再提请全国人民代表大会或者全国人民代表大会常务委员会的全体会议表决。这种多次审议的过程，就是通过协商以求充分表达各种利益诉求，并力求把各种利益关系调整好、平衡好的过程。经过充分协商再提请表决的民主程序，体现了全国人民代表大会制度的鲜明特点。

在设置严密立法程序基础上，立法机构还高度重视在立法过程中发扬民主，集中民智，反映民意。例如，在提出法律草案和行政法规草案、地方性法规草案时，通常会以召开座谈会、论证会、听证会等多种形式，广泛听取各方面意见，增强立法的透明度和公众参与度。关系公众切身利益或者涉及需要设立普遍的公民义务的法律、法规草案时，立法机构还会在新闻媒体上全文公布，征求全体人民的意见。不仅如此，法律、法规通过后，立法机构还要及时在各级人民代表大会及政府公报、政府网站、公众媒体上公开刊登。近年来，全国人民代表大会常务委员会和国务院分别将《物权法》《劳动合同法》《就业促进法》《物业管理条例》等多部法律草案和行政法规草案向社会公布，广泛征求各方面意见；全国人民代表大会常务委员会还就修改《文物保护法》《个人所得税法》等召开论证会和听证会。这些做法得到人民群众的高度评价，增加了立法的透明度。

拓展人民有序参与立法途径，是中国立法工作和法制建设的鲜明特点。开门立法是立法工作贯彻群众路线的具体体现，也是确保立法质量的重要途径。近年来，中国的立法部门通过网络和调研等多渠道征集民意，拓展人民有序参与立法的渠道，完善立法建议项目公开征集意见、法律法规草案公开征求意见等制度，充分调动公众关注立法、支持立法、参与立法的积极性，广泛凝聚共识，体现民主立法、科学立法。不同社会群体对法律的关注点不同，从而使得一些问题上的主张不可避免地产生冲突。对此，中国的立法机关积极统筹协调，发挥立法在平衡、调整、规范社会各方利益关系方面的重要作用。此外，开门立法也有利于增强全社会尊重和保障人权意识，健全公民权利救济渠道和方式。

党的十九届四中全会审议通过的《中共中央关于坚持和完善中国特色社会主义制度、推进国家治理体系和治理能力现代化若干重大问题的决定》明确提出了“加快形成完备的法律规范体系、高效的法治实施体系、严密的法治监督体系、有力的法治保障体系，加快形成完善的党内法规体系”。五大体系彼此联系、相辅相成，这一部署，体现了党对实现法治现代化规律的持续探索、对人类法治文明的不懈追求，同时也要求不断深化法治领域改革，在抓重点、补短板、强弱项中啃下“硬骨头”，以不断完善的五大体系，把党和国家工作全面纳入法治化轨道。

3. 法治建设成果突出

对于中国法治建设而言，实施全面依法治国的理念，建设中国特色社会主义法治体系，首要的工作就是加强重点领域立法，拓展人民有序参与立法途径，完善以宪法为核心的中国特色社会主义法律体系，保证国家和社会生活各方面有法可依。这既是全面依法治国的前提和基础，也是中国发展进步的制度保障。

总体上说，中国特色社会主义法律体系已经形成，国家经济社会的各个方面基本实现了有法可依。同时也应看到，随着中国改革走向全面深化，依法治国需要全面推进，相应地需要加强和改进立法工作。2013 年 2 月，习近平总书记在中央政治局集体学习时指出，要完善立法规划，突出立法重点，坚持立改废并举，提高立法科学化、民主化水平，提高法律的针对性、及时性、系统性。这实际上为现阶段中国的立法工作定了基调。在这一原则指导下，党的十八大以来，中国的立法工作取得了突出成绩，至党的十九大前夕，共制定或修改法律 48 部、行政法规 42 部、地方性法规 2 926 部、规章 3 162 部，同时通过“一揽子”方式先后修订法律 57 部、行政法规 130 部。当代中国的经济、政治、社会、文化、生态等诸多领域，无法可依的现象正在逐渐减少。

尤其值得关注的是，近年来，中国积极探索法的编纂工作，启动了《民法典》编纂、颁布了《民法总则》。2013 年之后，十二届全国人民代表大会及其常务委员会将编纂《民法典》和制定《民法总则》作为立法工作的重点任务。《民法典》由总则编和各分编组成，《民法总则》经过十二届全国人民代表大会常务委员会前后三次审议，自 2017 年 10 月 1 日起施行。《民法总则》就民法基本原则、民事主体、民事权利、民事法律行为、民事责任和诉讼时效等基本民事法律制度作出规定，构建了中国民事法律制度的基本框架，为编纂《民法典》奠定了基础。《民法总则》的表决通过，标志着中国《民法典》编纂工作第一步已经完成。应该说，法的编纂有助于推动中国法治统一，促进法的体系完善，有助于实现法的科学化、系统化。

4. 法治建设得到重视

我国法律法规的表现形式，主要包括法律、行政法规、地方性法规、规章、强制性技术标准。近年来，国家对于物流行业的重视和扶持力度不断加大，相关法律也在陆续制定和完善。目前我国物流法律法规已具备基础体系结构，中央政府和各级地方政府也在积极针对物流行业进行立法规范；随着物流行业的飞速发展，我国对于物流行业的法律法规的制定和整合具有长期规划。

在我国物流行业的发展过程中，政府是物流发展路径的规划者，应发挥其领导职能，引导物流业的稳步发展和行业法律的完善；各级地方政府也在逐渐加强对物流行业法治建设的重视程度。由于我国各地区的经济发展不平衡，导致各地区的物流市场环境、物流企业规模和服务水平存在较大的差异，这使得不同地区对于物流立法和政策的关注点各不相同。同时，也由于我国经济发展的不平衡，各地区物流业发展的规模和水平存在差距，要求各地区适用同步的物流法律规范也不切合实际。因此，我国的物流业法律法规建设在国家明确物流基本法律原则的基础之上，给各地区留有一定的灵活立法的空间，由各地方政府根据当地基础和条件，探索性地制定一些符合本地区物流发展实际的物流地方性法规。

地方政府在制定统筹规划的时候应结合各地区发展资源及地域布局状况，将“大物流”的概念注入地方立法，加强区域间的沟通，更好更快地推进物流业的发展。同时，地方政府应考虑当地包括现有交通运营布局、枢纽结点及预期发展状况。此外，地方政府立法应借鉴国外经验。比如，美国的州政府有独立的立法权，联邦政府在法律总体框架下，允许各州根据地方特点制定自己的物流法律法规，使各州在培育和发展本地物流市场时可根据自身特点出台各具特色的发展政策和规范。同时，美国一直设有州际商务委员会，主要负责制定除法律之外的规章制度，协调州与州之间的贸易矛盾、商业与进出口事务、消费者权益以及交通运输方面的事宜。同样，我国也有较好的示例。举例来说，福建省在全国率先对物流业发展进行立法，福建省人民代表大会常务委员会在 2011 年 1 月颁布了《福建省促进现代物流业发展条例》，值得其他省市借鉴。从我国实际情况看，可借鉴美国的做法，鼓励地方政府出台自己的物流法规，尤其是沿海和交通枢纽省市，在国家级物流业法律法规的大框架内，立足本地实际情况，制定地方性物流法规。

第 7 章　我国物流促进法的框架与内容

7.1　物流促进法的立法原则

随着物流业的高速发展，有关物流法律制度的研究日益增多，因此，有必要从立法的角度，结合物流业本身的属性，明确物流促进法的立法原则、框架体系和法律责任的整体架构。部门法的立法原则体现出法的根本价值，是整个法律活动的指导思想和根本出发点，是引导法律得以正确适用的价值尺度。

7.1.1　以人为本原则

从立法的价值层面来讲，以人为本的内涵是要将人的需求作为立法的核心和目的，保障和实现人的权利。以人为本是当前法治社会的本质属性。法治社会的标志不仅在于一系列的法律规范，更重要的是其浓厚的人文精神，法治如果失去了人文情怀，将不可避免地走向异化，成为压制与束缚人的暴力机制。立法以人为本，就是要以人为立法主体、以人为最终目的，尊重和保护人的权利和自由，高度重视人的自身价值，为人实现价值、行使权力提供法律支持。

立法只有充分做到以人为本，关注人的主体地位、尊重人的价值、保障人的权利、促进人的发展，才是树立了正确的立法精神和价值导向，才能获得人的认可和自觉遵守，从而达到建立法治国家的最终目标。

对于物流促进法而言，以人为本中的“人”指的是物流市场的主体，物流本质上属于服务型产业，其根本宗旨就在于扩大内需、促进经济增长、满足人们生活及消费水平多样化与高级化的需求。因此，从立法的最终目的来看，物流促进法应以实现物流主体利益的最大化为立法原则，通过立法规范物流主体的市场准入，提高物流企业的整体资质水平，为相关主体提供更好的物流服务。同时，物流业是以融合运输、货代、仓储等多环节在内的产业链模式运行，其全部过程必然涉及不同的法律关系，基于此，通过物流促进法规范物流关系及物流行为，完善物流管理模式，营造安全稳定的物流秩序便成为物流业发展的客观要求。因此，想要准确把握物流业的发展目标和方向，必须高度关注物流“人”的需求，以其为出发点制定物流业整体的战略规划。

7.1.2　经济公平原则

我国在过去很长一段时间，过多关注法的公平，而忽视了法的效益。其实效益和公平是一致的，只有在高效益的前提下才能更好地实现公平。事实上，一切的法律规范，都是以有效利用资源、最大限度地增加和扩大社会财富为立法目的的，通过法律的手段，促进社会资源的最优配置。

随着物流业逐步走向社会化、专业化、国际化，市场经济对物流业发展的影响日益深远。如何能在市场经济的环境下，合理配置有限的物流资源，提高物流资源的利用效率，并且有效协调各种利益之间的冲突，是物流促进法在立法过程中理应考虑的价值追求。同时，物流活动涉及众多方面，既有国家对物流业和物流市场宏观调控和管理的纵向关系，又有物流企业与物流需求方按照市场供需关系进行经营所发生的横向关系。这也决定了物流促进法属于经济法部门。因此，在物流促进法制定时，应坚持经济法思维，明确物流促进法应具有社会本位、经济公平等基本属性，在此基础上明确各物流主体的权利义务。

7.1.3 绿色发展原则

在如今生态环境恶化、自然资源匮乏的全球背景下，人们高度关注如何在生产经营活动中兼顾节约资源、保护环境，实现可持续发展。同时，结合绿色、节能、环保的可持续发展理念，绿色物流作为物流业适应环境发展的新举措，对提高我国物流业的社会效益及国际竞争力具有十分重要的意义。

绿色物流是为顺应全球节能环保的时代要求，于 20 世纪 90 年代提出的新概念，国内外的研究学者分别从不同角度对绿色物流做出了定义。有学者认为绿色物流的核心是在流通的全部环节上对环境负责，不仅包括从原材料的获取直至最终到达用户手中的正向物流环节，还包括废弃物回收和处置的逆向物流环节。美国逆向物流执行委员会（RLEC）将绿色物流称为“生态型物流”，认为物流绿色化就是对物流过程中产生的环境影响有足够的认识并使其弱化到最小的过程。

《物流术语》（GB/T 18354—2021）对绿色物流做出了诠释，认为绿色物流是通过充分利用物流资源、采用先进的物流技术，合理规划和实施运输、储存、装卸、搬运、包装、流通加工、配送、信息处理等物流活动，降低物流活动对环境影响的过程。随着当前绿色环保理念受到全球的重视，物流业想要获得更大的竞争优势，必须要发展新思路，制定符合现实需求的规划，大力发展绿色物流管理。我国第十三届全国人民代表大会第三次会议通过的《中华人民共和国民法典》第九条也明确规定："民事主体从事民事活动应当有利于节约资源、保护生态环境。"这体现了国家对于生态文明政策的具体落实和对于环境保护的重视。因此，我国物流促进法应紧跟全球节能环保的大方向，树立绿色物流的立法原则，从节约物流资源成本、创新低碳环保的管理技术等方面着手，对物流企业生产管理规范过程中的绿色化进行规制，同时也可以增强物流业的竞争优势，为物流业的发展增添新的活力。

7.1.4　协调发展原则

协调发展理论的概念来源于经济学领域，这一理念的提出可以追溯到 20 世纪 60 年代，在那一段时期，单纯的经济增长模式给社会发展带来了诸多问题，学者们便设计出了一套新的发展模式。这一新思想主要包含的内容为：社会发展不单单包括一种经济现象，而是包括科技、社会、人文在内的全面、综合的协调发展过程。这种发展理念被称为协调发展观或多元发展观，它强调发展的整体性、综合性、协调性，是单一经济发展到社会全面发展观念的转变，符合社会发展的客观要求。

物流主体间法律关系的协调发展，是营造良好物流发展秩序的关键。美国法学家博登海默认为，秩序是指在自然和社会进程中存在的某种一致性、连续性的程序。而作为维护和保障秩序最重要的手段，法律需要通过协调不同主体间的关系来建立系统秩序。基于物流业本身是需要多环节共同协作的复合型产业，在物流过程中必然会存在多方主体、多个部门、多行业间的共同参与，因而，协调规范各主体间的物流关系、营造安全稳定的社会秩序是物流业有序发展的客观要求。为了形成物流发展的有序状态，在制定物流促进法时，应当以协调发展为原则，重视对各部门、各领域间的分工协作，确立相互间的关系，最终形成理性、安全的物流秩序。

7.1.5 安全稳定原则

近年来，我国物流业迅速发展，物流、寄递企业数量大幅增加，业务规模持续扩大，服务水平不断提升，在降低商品流通成本、促进电子商务发展、服务生产生活、扩大就业渠道等方面发挥了积极作用。但与此同时，物流寄递业发展方式粗放、基础设施滞后、行业监管缺失、从业人员安全意识淡薄、安全隐患较多等问题仍较为突出。

从各种物流活动过程来看，无一不与安全相关。包装活动包括产品的出厂包装，生产过程中制成品、半成品的包装以及在物流过程中换装、分装、再包装等活动。在包装过程中，不仅要考虑包装材料、包装方式，还要考虑被包装物质的安全性。装卸活动包括物质在运输、保管、包装、流通加工等物流活动中进行衔接的各种机械或人工装卸活动。在装卸过程中应注意物体打击、车辆伤害、机械伤害等各种伤害以及火灾、爆炸事故发生。另外对玻璃制品需轻拿轻放，防止碰撞、破损；装卸危险物品时，根据危险性的不同分别穿戴相应的防护用具。在信息流动时，要采用加密技术，以保证网络安全。所以每一项活动都要注意安全问题，防止事故发生，以免造成不必要的伤害和损失。

进一步加强物流安全管理，既是有效维护公共安全和社会稳定的重要举措，也是保障现代物流业规范发展、安全发展、健康发展、快速发展的客观要求。

7.2　物流促进法的框架体系

7.2.1　物流主体市场准入制度

物流链条是一个会随着社会发展而不断延伸的链条，在该链条上实现生产力传递的企业也都按照环节设计而进行了划分，如快递企业、冷链物流企业、电子商务企业、运输企业、仓储企业等，这些企业之间功能划分看似鲜明，但随着物流业需求的转变，涵盖多功能的综合性物流企业成为时下最受青睐的物流企业类型。然而，无论其自身服务范围如何扩充、服务水平如何提升，都无法改变其作为一种企业的市场定位。而且，对于物流企业来讲最为关键的一步就是能否满足准入市场的条件，这其中又往往会涉及企业设立条件、设立登记、组织机构等一般性问题，这些问题可以在《中华人民共和国公司法》等基础性法律中找到答案，物流促进法需要明确的是既不能设定过高的准入门槛，提高物流企业的整体资质水平，又要促进物流企业间的协调发展，营造良好的物流发展秩序。为此，在物流促进法应强调对物流主体市场准入法律制度的完善。

1. 明确物流企业的概念

对物流企业的名称、资质水平、经营范围、信用等级等方面国家要出台统一的标准，明确列举具备哪些条件的企业才可作为“物流企业”，以保证物流活动的专业性和市场信用，规定相应的主管部门的审批权，在具体操作过程中严格按照法律规定认定企业经营资质。同时，为缓解物流业的区域垄断，顺应经济全球化趋势，应鼓励外资企业或集团公司进入我国物流市场，并参考国际上的通用规则为其单独制定符合我国国情的市场准入标准。

2. 制定物流市场准入单行法

物流活动包含仓储、货代、配送、包装等多个环节，由于其专门性较强，所以对负责不同环节的物流企业在行业上的要求也应有所区别。因此，除了完善统一的市场准入法，也应针对不同环节制定相对应的企业准入标准，比如负责陆运、空运、海运等的物流运输企业就应该适用不同的准入标准，这样既规范了物流行业的运作秩序，也确保了企业运营的可持续性。所以，各地方物流主管部门应该结合不同环节在具体执行中的规范操作标准，制定符合实际操作要求的物流市场准入单行法。

3. 完善物流市场准入监管体制

现代物流业的运行需要不同部门协调配合，因此，在物流市场准入的监管方面也需要交通、铁路、海关、民航等多个部门完善的管理体制，形成配合多部门合作的监管链。同时，为了避免多部门协同监管给企业审批所造成的麻烦，针对该事项可以设立独立的物流管理委员会，负责监管全国物流市场，其下依据不同环节分别设立分支机构，并通过立法明确各机构的组织形式和实际职能，共同对物流管理委员会负责。同时，在国家物流管理委员会的统一监管下，发挥物流行业协会的作用，建立起国家物流管理委员会、具体监管部门、物流行业协会上中下相结合的监管体制，发挥各自不同的优势，三管齐下共同发挥监管的效力。

7.2.2　政府对物流业的扶持激励制度

1. 制定促进物流业发展的税收优惠制度

物流业已成为我国国民经济的支柱产业，为保证物流业的平稳发展，政府应积极发挥其政府职能，制定扶持物流业发展的优惠制度。其中税收优惠应作为其中最主要的扶持方式加以落实。第一，在企业购入先进物流设备方面加大税收优惠力度。不仅可以对设备原材料的进口关税予以减免，还可以对购买符合国家产业结构调整指导目录中的设备免除所得税。第二，完善农村物流业发展的税收优惠制度。为进一步改善我国物流体系中的最薄弱环节，政府要加大对农村物流业的支持力度，利用增值税减免、所得税优惠等政策鼓励城市支援农村，促进城乡物流一体化格局，推动农村物流向现代化、高效益方向发展。第三，制定促进绿色物流建设的税收优惠政策。只有降低物流企业的生产经营成本，提高资源利用效率，才能使物流业更加节能环保地可持续发展。为此，政府应积极鼓励绿色物流的应用和发展，对于选用节能环保车辆、使用低碳生产设备的企业予以所得税减免，对通过审核的企业可给予一定的税收返还作为奖励，还可适当降低废品回收经营企业的增值税税率。

2. 推动物流业信息化建设

信息技术的应用不仅能节约物流成本、提高物流效益，而且能使物流综合竞争力快速提升。因此，加强物流业信息化的建设是当前应当引起重视的问题。第一，加强物流基础设施的信息化建设。物流园区作为物流基础设施的重要部分，应当作为信息化建设的重点区域。政府应鼓励物流园区建设内部信息网络，提高信息化水平，加强物流园区的现代化改造，建立物流信息共享平台和物流网络节点，统筹物流资源，促进物流信息与公共服务信息有效对接。第二，加强企业物流管理信息化建设。企业物流管理信息化是现代化物流管理模式的重要体现，利用现代化的信息技术对物流资源进行合理分配，能够保证企业利用最少的时间获得最大的经济效益。政府应致力于转变物流企业的信息化建设理念，帮助物流企业引进并研发信息化技术，同时还要加强物流企业自身的信息化人才培养，使物流企业保持信息化的水平不断提高。第三，创新管理模式，建立物流产业大数据服务平台。将物流产业大数据服务平台作为信息共享交换的中枢系统及物流活动的动态监测系统，通过连接物流需求方资源平台和供货方资源平台，促成双方的资源共享和交换，并利用数据信息处理功能提供业务指导和决策支持等服务。第四，尽快开展电子商务物流立法工作。物流作为电子商务流通的基础，其信息化水平也将直接影响电子商务的经营状况。因此，应尽快出台电子商务物流法律，规范电子商务物流活动，进而为物流信息化的发展提供法律保障。

3. 鼓励发展绿色物流

绿色物流是一种新型的物流发展模式，以可持续发展为最终目标，通过绿色管理促进绿色消费，实现社会效益、经济效益、环境效益的协调统一。我国也应适时转变产业结构，重视绿色物流的发展。第一，树立绿色物流理念，引导绿色消费行为。政府需要大力弘扬绿色物流的管理理念，通过立法及政策指引，加大宣传力度，引起全社会对绿色物流的重视。第二，加快绿色物流立法进程。我国物流业应积极借鉴美国、日本等物流发达国家的立法经验，尽快填补立法空白，针对环境保护出台专门性的物流法律。对企业物流生产活动进行有效监管，促使企业将节能环保落到实处，同时还要加强与现有法律规范间的协调性，在立法中作出整体的规划布局，明确部门间的分工及合作形式，形成绿色物流发展的整体战略规划。第三，实施绿色供应链管理。绿色供应链管理就是将绿色化贯穿物流活动的全过程，包括了绿色采购、绿色制造、绿色包装、绿色营销、绿色回收等方面的内容。

7.2.3　物流行为准则规范制度

物流行为包含了运输、储存、包装等不同的服务行为。从法律角度对其进行解释，这一系列的服务行为属于民商事行为。而与物流行为相关的法律制度所发挥的作用在于维护各物流经营主体间的联系，推动整个服务的进行，保障其稳定性，所以针对物流经营主体运行过程中出现的一系列行为要建立规范的制度。

1. 采购销售环节

采购销售环节是现代物流系统中不可或缺的一部分，采购与销售分别是物流环节的开端与终端。两个环节在各个市场主体之间，都存在一定的法律关系。有的是通过口头或者书面买卖合同加以实现，法律需要对这种新兴的合同类型再加以规范明确。采购与销售可以通过不同的方式来实现，无论是集团采购还是拍卖等都可以适用基本的法律制度，除此之外需要补充团购、批发相关的法律法规，对其进行规范。采购与销售要想最大限度地发挥其效用，推动整个物流业的发展，必须要有完善的法律法规来规范。

2. 仓储环节

仓储在现代物流中发挥着重要作用，是不可或缺的一部分。首要关注的是仓储合同与一般保管合同的区分，在签署仓储合同时要明确权利义务及合同履行的时间，确定合同成立及生效的基本原则。另外，要认真审查仓储保管人的资格，存货人在存货前和合同签署前应当对仓储保管人的能力和资格进行细致的了解，严格考察仓储经营者的营业资格，尽量预防仓储违法行为的产生。还有，在合同订立、下发仓单时，存货人要保证对货物情况进行如实细致的报告，保管人也要进行核实验收，预防可能出现谎报货物种类、虚报货物数量等问题，致使保管人承担了本不应该由其承担的责任。同时，也要注意到部分货物需要存储的时间较长，在漫长的合同履行期间不能排除一些意外情况的出现，所以存货人应当正确行使法律所赋予的检查权，定期对货物进行质量检查。法律还应该对存货人滥用免责条款作出相应规定，合同双方可以根据货物性质进行具体的协商讨论，这与一般的合同免责事由规定有所不同。而且，在合同签署时合同双方要仔细了解合同中的免责条款，一旦出现双方协商之外的内容应及时发表异议，要求修改合同或者拒绝签署合同，主动维护自身利益。

3. 流通加工环节

流通加工是一项重要的物流职能，它是生产本身在流通领域的延续，但又区别于生产加工。为了实现流通加工的最优配置，避免各种不合理现象的发生，对是否设置流通加工环节及在什么地点设置，选择什么样的加工类型，采用什么样的技术装备等，需要做出正确抉择。在加工与配送相结合的场景下，一方面按配送的需要进行加工，另一方面加工又是配送业务流程中分货、拣货、配货中的一环。加工后的产品直接投入配货作业，这就无须单独设置一个加工的中间环节，使流通加工有别于独立的生产，而使流通加工与中转流通巧妙结合在一起。在加工和配套相结合的场景下，在对配套要求较高的流通中，配套的主体来自各个生产单位。但是完全配套有时无法全部依靠现有的生产单位，进行适当流通加工，可以有效促成配套，大大提高流通的桥梁与纽带的能力。在加工和合理运输相结合的场景下，利用流通加工，在支线运输转干线运输或干线运输转支线运输这些本来就必须停顿的环节，不进行一般的支转干或干转支，而是按干线或支线运输合理的要求进行适当加工，从而大大提高运输及运输转载水平。在加工和合理商流相结合的场景下，通过加工有效促进销售，使商流合理化，也是流通加工合理化的有效措施之一。对于加工和配送的结合，通过加工，提高了配送水平，强化了销售，是加工与合理商流相结合的一个成功的例证。此外，通过简单地改变包装加工形成方便的购买量，通过组装加工解除用户使用前进行组装、调试的烦琐过程，都是有效促进商流的显著措施。

4. 运输环节

加速运输业与现代物流业融合的速度并对其在现代物流体系中的法律地位给予清晰明确的确认，是健全和完善我国物流运输环节法律法规体系的主要任务和目标。为此，要调整、重塑现有的物流运输管理模式，加强货物运输决策和经营管理的协调性，以实现对整个货物运输产业的统一安排、计划和优化。另外，要建立健全货物运输业的价格形成机制。运输价格是调节和管理货物运输过程中各相关主体经济利益关系的基本市场机制，合理适当的运输价格可以促进运输资源的合理配置和高效运输能力的形成，从而提高货物运输作业的效率。并且，要进一步规范货物运输代理，包括：对于货物运输代理企业的设立条件、法律地位、经营范围和登记制度等内容要有明确的规定，从而协调管理部门与货物运输代理企业之间的关系；对于货物运输代理人之间、货物运输代理人与海关之间、货物运输代理人与被代理人之间以及与商品检验检疫部门的法律关系进行界定和明确；对于货物运输代理人订立仓储合同、运输合同和委托合同的有关条款进行明确规定；对于相关免责条款、无船承运人责任限额以及无船承运人留置权等问题给予清晰明确的规定。

7.2.4　物流经济调控及政府监管

1. 建立统一及专项的物流业发展规划

政府对物流经济的调控主要表现为要建立起统一的物流业发展规划，对物流业下一步的发展计划作出全面部署。建议统一的物流业发展规划应重点从以下几方面入手：第一，明确物流业发展规划的制定者。统一的物流业发展规划是实行物流业发展战略的第一步，因此其制定部门应对整个物流业作出全面、详细的调查，并准确提取其发展重点和难点，进而制定出权威的发展战略。因此，政府应成立专门的物流主管部门，全面负责物流业发展规划的制定工作，并对全国的物流工作进行协调指导。第二，物流业发展规划应分级制定。针对我国物流管理体制条块分割的局面，物流促进法应鼓励分级别制定发展规划。全国物流主管部门负责统筹全国范围内的物流活动，物流主管部门内部根据管理区域划分层级，分别主管不同省（区、市）的物流业发展，统一对全国物流主管部门负责。全国物流主管部门牵头制定物流业发展总体规划，并对各省（区、市）的物流发展作出任务分配及要求，各下级物流主管部门需按其指导方向制定本辖区范围的物流业发展规划，以保证物流业发展目标和战略的一致性。第三，制定定期评估及调整机制。物流业的发展与市场经济紧密相连，物流业发展的战略规划也应及时满足市场经济的需求。因此，应对物流业发展规划进行定期战略评估，并根据评估结果及时作出相应调整，保证物流业发展规划的科学性、实效性。

在统一的物流业发展规划基础上，还应制定专项的物流发展规划。物流活动的全部过程包含了若干项具体环节，为了使发展规划更具体可行，建议在遵循统一的物流业发展规划基础上，依据不同物流环节分别制定专项规划。专项规划的制定仍就由各级物流主管部门负责，但由于专项规划更具针对性，建议其制定过程应邀请跨行业的专业人士参与，如由交通、海关、税务等领域的相关专业人士结合物流实践中出现的行业交叉问题提出指导性意见，提高物流发展专项规划的可行性。

2. 加强物流市场政府监管

物流企业是参与物流活动的重要主体，也决定着物流业发展的水平。但当前我国的物流企业在资质认定、企业规模等方面良莠不齐，造成经营混乱的局面。尤其是法律制度层面存在的漏洞、空白仍较多，难以有效规制物流市场的秩序。因此，要进一步通过法律规范加强对物流市场的政府监管。一方面，应该明确政府的“管理者”身份和职责。国务院成立现代物流业发展综合管理部门负责组织协调、监督管理全国现代物流业经济发展工作，同时工商、交通、环保、安全等主管部门也要按照各自的职责负责有关物流业发展的监督管理工作，地方各级人民政府成立现代物流业发展综合管理部门，对本行政区域内的物流业发展进行监管。另一方面，要厘清庞杂的物流部门关系，明确对其适用的法律。从物流市场发展的现实情况出发，合理划分中央政府与地方政府、各物流监管部门以及物流行业协会的职责；改变过去各自为政，以及铁路等垄断行业的“双重身份”等现象。

第 8 章　我国物流促进法立法工作建议

8.1　物流促进法的立法工作程序

程序是民主的保证。合理、完善的立法程序，是提高立法质量的重要保证。根据立法法和有关法律的规定，全国人民代表大会及其常务委员会制定法律的基本程序，包括法律案的提出、法律案的制定与审议、法律案的表决、法律案的公布。物流促进法的立法也要经过上述程序，具体如图 8.1 所示。

8.1.1　法律案的提出

1. 有权向全国人民代表大会提出法律案的主体

有权向全国人民代表大会提出法律案的主体包括两个方面：一是有关国家机关，可以向全国人民代表大会提出法律案，由主席团决定列入会议议程。二是一个代表团或者 30 名以上代表联名，也可以提出法律案，由主席团决定是否列入会议议程，或者先交有关的专门委员会审议，提出是否列入会议议程的意见，再决定是否

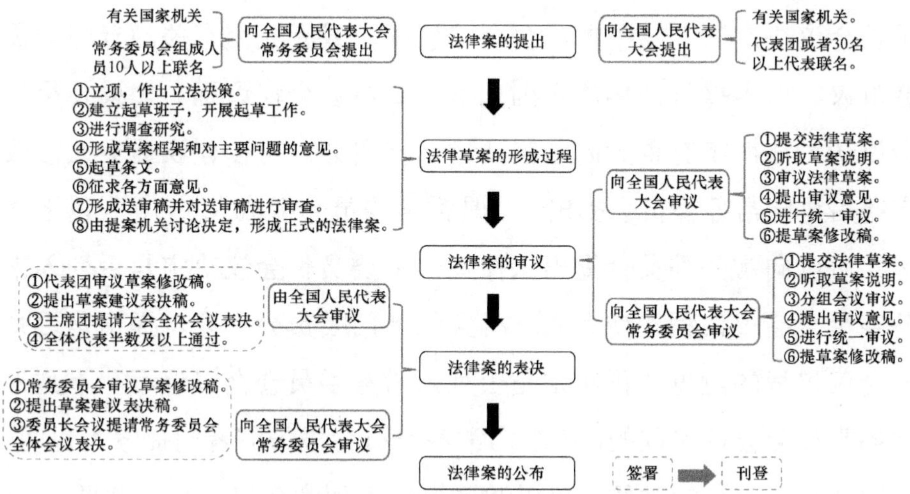

图 8.1　物流促进法立法工作程序

列入议程。专门委员会审议的时候，可以邀请提案人列席会议，发表意见。

法律规定上述两类主体可以直接向全国人民代表大会提出法律案，在实践中，属于全国人民代表大会立法权限范围的基本法律的制定，一般都是在全国人民代表大会举行会议之前，先向全国人民代表大会常务委员会提出，经过常务委员会审议后，再提请大会审议。实践证明，这一做法对提高立法质量具有重要作用。因此，立法法明确规定，向全国人民代表大会提出的法律案，在全国人民代表大会闭会期间，可以先向全国人民代表大会常务委员会提出，经常务委员会会议审议后，决定提请全国人民代表大会审议。

2. 有权向全国人民代表大会常务委员会提出法律案的主体

有权向全国人民代表大会常务委员会提出法律案的主体包括两个方面：一是有关国家机关，可以向常务委员会提出法律案，由委员长会议决定列入常务委员会会议议程，或者先交有关的专门委员会审议、提出报告，再决定列入常务委员会会议议程。如果委员长会议认为法律案有重大问题需要进一步研究，可以建议提案人修改完善后再向常务委员会提出。二是常务委员会组成人员 10 人以上联名，可以向常务委员会提出法律案，由委员长会议决定是否列入常务委员会会议议程，或者先交有关的专门委员会审议、提出是否列入会议议程的意见，再决定是否列入常务委员会会议议程。不列入常务委员会会议议程的，应当向常务委员会报告或者向提案人说明。专门委员会审议的时候，可以邀请提案人列席会议，发表意见。

对于物流促进法议案的提出而言，以上两种途径都是畅通的，具体谁来提出，还是要看实践中国家机关对此的态度以及相关代表、社会各界对于此项法律的期待程度。

8.1.2 法律草案的形成过程

法律案是指依法享有提案权的机关或者个人向立法机关提出的关于制定、修改、废止某项法律的议案。根据立法法的规定，提出法律案应当同时提出法律草案文本及其说明，并提供必要的资料。其中，法律草案文本是法律案中最重要的内容，它以条文的形式体现立法目的、指导思想、原则和所要确立的法律规范。起草法律草案，是立法工作的基础性环节。

根据中央国家机关起草法律草案的实践，法律草案的形成过程，一般包括以下几个环节。

第一，立项，作出立法决策。自八届全国人民代表大会常务委员会以来，每届全国人民代表大会常务委员会制定五年立法规划，每年还制定年度立法计划。通过制定立法规划和立法计划，将需要制定法律的项目列入规划和计划，并列明提出法律草案的大致时间。立项是作出立法决策的重要形式。五年立法规划经反复讨论、征求意见后报中央批准实施。如果没有列入规划和计划，经过充分调查研究和论证，认为需要制定法律的，也可以作出立法决策，组织起草。在作出立法决策时，应当初步明确制定该法律的必要性、可行性和立法目的，立法应当把握的主要原则和要解决的主要问题。

第二，建立起草班子，开展起草工作。立法列项后，根据提出法律案的时间要求，承担起草任务的机关或者部门即着手起草工作的部署和安排，建立或者指定专门的起草人员，组成固定或者相对固定的起草工作班子。起草班子一般由来自与立法事项有关的领导、专家和实际工作者组成。对于物流促进法而言，应当由国务院交通运输部门负责起草工作。

第三，进行调查研究。开展调查研究，是法律草案起草工作的重要方面。调查研究的形式包括召开各种座谈会、专题研讨会、到基层调查、收集各方面的资料等。调查研究的内容主要包括：一是现行有关法律、法规、规章、政策对立法事项的规定；二是有关国家和地区的相关规定和做法；三是立法事项的理论研究情况；四是实践中的主要做法、成功经验和存在的问题；五是实际工作部门、专家学者对立法事项的意见和建议等。

第四，形成草案框架和对主要问题的意见。在调查研究的基础上，通过分析研究，进一步明确立法目的，并按照逻辑结构拟出法律框架以及对主要问题的意见，确立起草思路。确定法律框架和对主要问题的意见，是草拟法律条文的前提和基础。为了使法律草案框架和对主要问题的意见基本可行，有时还要在一定范围征求意见和进行论证，并报起草机关的领导审定，以确保起草工作建立在良好的基础上。

第五，起草条文。确定框架和对主要问题的解决方案后，在研究明确法意的基础上，着手起草法条，即运用立法技术，科学地表达需要确立的法律规范。起草出来的法律草案，最初一般称“试拟稿”，供在一定范围内研究讨论。“试拟稿”经起草部门或者单位初步讨论同意，有的报送有关主管机关批准同意后，形成“征求意见稿”或者“讨论稿”，发各方面征求意见。对于起草工作中的一些重大、复杂和敏感的问题，起草班子还要及时向上级请示报告，以作出正确决策和判断。

第六，征求各方面意见。“征求意见稿”或者“讨论稿”形成后，通常广泛征求有关方面的意见。形式主要有两种：一是将征求意见稿或者讨论稿印发有关方面书面征求意见，二是召开座谈会、论证会和听证会征求意见。

第七，形成送审稿并对送审稿进行审查。征求意见稿经反复讨论修改后，形成送审稿，报提案机关讨论通过。形成送审稿前，起草单位通常要就法律草案中的重大问题，向上级机关请示报告或者正式征求有关方面的意见。提案机关不同，对送审稿的审查程序也有所不同。比如，由国务院起草的法律案，在送审稿形成之后、国务院决定提出议案之前，先交国务院法制办审查修改。经国务院法制办审查修改，协调各方面的意见后，报国务院决定。

第八，由提案机关讨论决定，形成正式的法律案。国务院提出法律案，一般由国务院常务会议讨论通过；全国人民代表大会常务委员会委员长会议和全国人民代表大会专门委员会提出法律案，分别由委员长会议或者专门委员会讨论通过。提出的法律案，应当同时提出法律草案文本及其说明，并提供必要的资料，如修改现行法律的议案，一般附有修改前后的条文对照表。

8.1.3　法律案的审议

审议法律案，是立法过程中的一个重要阶段。全国人民代表大会及其常务委员会审议法律案的过程，实质是充分发扬民主、集思广益的过程。

全国人民代表大会审议法律案的主要程序：第一，是在会议举行前一个月将法律草案发给代表，以便代表进行认真研究，准备意见；第二，在大会全体会议上听取提案人作关于法律草案的说明；第三，各代表团全体会议或者小组会议对法律草案进行审议；第四，有关的专门委员会对法律草案进行审议，提出审议意见，然后由法律委员会根据各代表团和有关的专门委员会的审议意见，对法律草案进行统一审议，向主席团提出审议结果的报告，并提出法律草案修改稿。

全国人民代表大会审议法律案，一般经过一次会议审议后即交付表决。法律案在审议中有重大问题需要进一步研究的，经主席团提出，由大会全体会议决定，可以授权常务委员会进一步审议，作出决定，并将决定情况向全国人民代表大会下次会议报告；也可以授权常务委员会根据代表的意见进一步审议，提出修改方案，提请全国人民代表大会下次会议审议决定。

全国人民代表大会常务委员会审议法律案的主要程序：第一，

在常务委员会会议举行的 7 日前将法律草案发给常务委员会组成人员，以便常务委员会组成人员进行认真研究，准备意见；第二，在常务委员会全体会议上听取提案人作关于法律草案的说明，由提案人委托的人对制定该法律的必要性、可行性、立法的指导思想和基本原则以及法律草案的主要内容作出说明；第三，常务委员会分组会议对法律草案进行审议，在此基础上，必要时可以召开联组会议进行审议；第四，有关的专门委员会对法律草案进行审议，提出审议意见，然后由法律委员会根据各常务委员会组成人员、有关的专门委员会的审议意见和其他各方面的意见，对法律草案进行统一审议，向常务委员会提出审议意见的汇报或者审议结果的报告，并提出法律草案修改稿。

全国人民代表大会常务委员会审议法律案的一个重要特点，是一般实行三审制，即一个法律案一般应当经过三次常务委员会会议审议后，才能交付表决。实践证明，实行三审制，对于充分发扬民主，保证常务委员会组成人员有充分的时间对法律案进行深入审议，提高立法质量，具有重要意义。同时，根据实际情况，立法法又规定了三种例外情况：第一，如果各方面对法律案的意见比较一致的，可以经两次会议审议后交付表决；第二，对属于部分修改的法律案，如果各方面意见比较一致的，也可以经一次会议审议后即交付表决；第三，如果法律案经常务委员会三次会议审议后，仍有重大问题需要进一步研究的，由委员长会议提出，经联组会议或者全体会议同意，可以暂不付表决，交法律委员会和有关的专门委员会进一步审议。

根据立法法规定和实践做法，三次审议之间的主要分工是：

一审，在常务委员会全体会议上听取提案人关于法律草案的说明，然后在分组会议上对法律草案进行初步审议。一审着重审议制定该法律的必要性、可行性和法律的框架结构是否合理等问题。

二审，在常务委员会全体会议上听取法律委员会关于法律草案修改情况和主要问题的汇报，然后在分组会议上对法律委员会提出的法律草案修改稿（称“二次审议稿”）进行全面、深入的审议。二审重点审议法律草案二次审议稿对若干主要问题的规定是否合适、可行。

三审，在常务委员会全体会议上听取法律委员会关于法律草案审议结果的报告，然后在分组会议上对法律委员会提出的新的法律草案修改稿（称“三次审议稿”）再次进行深入的审议。三审的审议重点是，各方面提出的对法律草案中若干主要问题的意见是否得到妥善解决，对没有采纳的意见是否有充分、合理的解释和说明。根据常务委员会的分组审议意见，法律委员会在当次会议中再次召开会议，对法律草案进行必要的修改，提出法律草案建议表决稿，交分组会议作最后的审议。如果常务委员会组成人员对建议表决稿没有大的不同意见，则由委员长会议提请常务委员会全体会议表决，以全体常务委员会组成人员过半数通过。

关于广泛听取各方面意见的制度。在立法过程中，除了人民代表大会代表和常务委员会组成人员参加审议讨论、提出意见外，还要广泛听取各个方面的意见，是我国立法工作必须遵循的一条重要原则和基本经验。立法法总结实践经验，对广泛听取各方面意见的制度，作出了比较全面的规定。主要包括：书面征求意见、座谈会、听证会、论证会、向社会公布法律草案公开征求意见等几种制度。

书面征求意见和座谈会简便易行，可以根据法律草案需要研究的主要问题，有针对性地确定书面征求意见和参加座谈会的机关、组织和专家，便于对有关问题进行比较深入的研究，因此是我国立法实践中最经常运用的两种方式。

论证会，是就法律草案中专业性、技术性较强的问题，邀请有关方面的专家从科学性、可行性角度进行研究，提出论证意见。论证会制度主要是解决立法的科学性问题，论证意见具有较高的权威性，对立法具有重要影响。为了保证论证意见的客观、公正，举办单位在邀请论证会参加人员时应当使持各种不同意见的专家都有代表参加，发表意见。论证结论实行少数服从多数，由同意论证结论的人员签署，并附少数人的不同意见及其理由，以供立法机关作出全面判断。

听证会，是面向社会公开举行听取意见会的一种方式。听证会的主要特点：一是公开、透明。举行听证的时间、地点、内容一般事先向社会公布，如果公民有意愿出席听证会发表意见，可以报名参加。听证会一般公开举行，允许公众旁听和新闻媒体采访、报道。但如果公开举行会损害国家安全、社会公共利益，则可以不公开举行。二是充分、客观。听证会的组织者应当在报名参加听证会的公民中选择各种不同意见的代表参加听证会，以使各种不同意见都得到比较充分的反映和表达。三是程序性强。听证会参加人员往往比较多，为了使参加人员都有平等的机会发表意见，也为了提高听证会效率，听证会一般都要制定听证规则，对听证会的发言顺序、发言时间、会场纪律等作出规定，以保证听证会有秩序地进行。听证会结束后，应当将听证记录整理成听证报告书，提交常务委员会作为参阅资料。

8.1.4 法律案的表决

列入全国人民代表大会会议审议的法律案，经法律委员会统一审议提出的法律草案修改稿，交各代表团进行审议，然后由法律委员会根据各代表团的审议意见进行修改，提出法律草案建议表决稿，由主席团提请大会全体会议表决，由全体代表的过半数通过。

列入全国人民代表大会常务委员会审议的法律案，经法律委员会统一审议提出的法律草案修改稿，交常务委员会进行审议，由法律委员会根据常务委员会组成人员的审议意见进行修改，提出法律草案建议表决稿，由委员长会议提请常务委员会全体会议表决，由全体常务委员会组成人员的过半数通过。

所谓全体代表或全体常务委员会组成人员，是指实有全体代表或者全体常务委员会组成人员，不是指代表名额或者常务委员会组成人员名额，也不是指到会的全体代表或全体常务委员会组成人员。所谓过半数，是指赞成票超过全体代表或者全体常务委员会组成人员的半数，赞成票刚好是半数，不是过半数。

8.1.5 法律的公布

法律的公布，是立法的最后一道工序，是法律生效的必要条件。经全国人民代表大会及其常务委员会通过的法律，由国家主席签署主席令予以公布。签署公布法律的主席令载明该法律的制定机关、通过和施行日期。

法律签署后，及时在全国人民代表大会常务委员会公报和在全国范围内发行的报纸上刊登。在常务委员会公报上刊登的法律文本为标准文本。所谓标准文本，就是凡发现各种法律文本之间不一致的，均以常务委员会公报上刊登的法律文本为标准，以维护法制统一，保证法律的正确贯彻实施。

8.2 物流促进法立法工作实施建议

物流促进法是我国物流业发展的必然趋势，我国物流立法的复杂局面需要物流促进法的统一规制，而物流业的发展同样需要系统性、宏观性的规划和指导。因此，本节相应地提出构建物流促进法工作实施的具体建议，期望能够有助于推动物流促进法的早日出台。

8.2.1 成立专项工作组，统筹组织立法工作

为保障物流促进法立法的实施，应建立一支具有专业素养的高质量工作组来确保工作的发展推进，推动物流促进法在其领域的同步发展。例如，由中国物流与采购联合会、中国交通运输协会等龙头性行业协会牵头，联合法学界的学会与协会等相关机构共同成立物流促进法专项工作组，并建立专家咨询委员会，统筹规划物流促进法的立法工作。

专项工作组负责完成物流促进法立法工作的整体规划；组织协调相关单位的政产学研各界专家共同参与立法工作，鼓励更多部门参与到物流促进法立法工作中来；对物流促进法立法问题进行立项支持，并提供资金资助；牵头召开研讨会，并组织对立法过程中重

大问题等进行研讨，形成相关文件并上交国家立法部门进行商榷，保证物流促进法的推进工作。

8.2.2　加强系统性研究，持续提供智力支撑

物流促进法的立法工作应在专项工作组的统筹领导下加强系统性研究，为立法工作提供持续的智力支持。一方面，要加强行业调研，明确物流业具体的立法需求。另一方面，应积极总结学习发达国家相关行业促进法的立法历程，吸取经验，并结合我国具体情况具体分析，形成具有建设性意见的著作和论文等成果，在适当场合进行宣传，扩大物流促进法立法工作的参与力度。

物流促进法立法是一项立足于物流业长远发展的长期工作，必须做好各个方面的详细规划，尤其是与我国现有法律体系的衔接，明确和其他相关配套法律法规、条文、标准等政策性文件内容和思想的关系，清晰界定物流促进法的法律效力和约束范围。从专业的法理视角对物流促进法立法工作进行深入研究，首先，应在法律效力相一致原则的要求下，研究物流促进法与相关联、相配套法律法规的关系，做好法法衔接。其次，应在司法适用相统一原则的要求下，做好物流促进法相关的司法解释，秉持科学合理原则，审慎研究与制定。最后，应在上位法下位法相一致原则的要求下，梳理完善与物流促进法有关联的地方性法规。物流促进法的立法工作应详细研究物流促进法和相关地方性法规的关系，确保上位法与下位法一致，避免出现不一致甚至冲突的内容，确保国家立法在各个层级得到体现。

8.2.3 形成成果性建议，上报立法主管部门

立法是系统工程，立法前的调研论证是开启立法之路的重要工作。应加强立法的基础工作，在立法前进行详细的调研论证，形成成果性建议文件，上报立法主管部门，并向社会进行广泛宣传，提高国家对此工作的重视度、提升社会的关注度。此外，应将调查研究始终贯穿立项、起草、审核、协调等立法工作的全过程，保证法律内容能够切实解决行业问题。

进行行业调研时，要采取走访、座谈、现场考察以及听证等多种方式，深入实际、深入基层、深入群众，充分、全面听取各方面意见，掌握第一手材料，做到情况明、问题清。要在了解国家在地方立法权限、程序和范围等方面具体规定的基础上，熟知相关行政管理领域的现行政策法律，分析、研究其在国家实施的情况、存在的问题，并提出针对性的措施。要做好新拟政策措施的研究分析，力争准确预测立法可能带来的各种影响和变化。

再有，要对相关立法、执法、守法、违法以及其他社会成本进行分析和测算，针对其可能对经济社会产生的影响以及现有利益格局的冲击进行评估，并在此基础上统筹考虑立法对社会的影响力以及群众的承受力。在此基础上形成的成果性建议文件，为立法决策提供权衡利弊的重要参考，可以引领物流促进法的立法工作推进，减少立法工作的实施阻力。

8.2.4 推动地方性试点，积累实践经验

建立试点是进行立法工作的有效方式，由于法律的局限性，立

法工作很难做到一步到位。建立试点，在实践中发现问题与短板，从而得以自下而上推动立法工作。立法部门在立法过程中应当根据需要与可能，科学安排地方立法工作计划，支持成立地方性试点。

要注意制定新法与修改、废止旧法相结合。在试点的过程中遇到问题时，应广泛征求各方面意见，既要听取实际工作部门、基层执法机关的意见，也要听取专家学者、专业社团以及企事业单位、基层群众的意见，还要听取中央有关部门和单位的意见；既要听取支持和赞成的意见，又要注意听取不同甚至反对的意见。要创新征求意见的方式和渠道，除召开座谈会、论证会、听证会等途径外，还要运用好报刊、网络等媒体，以及社会中介组织、社情民意调查机构等，做好征求意见工作，完善试点中遇到的问题。通过解决试点中的问题，借鉴试点实际中的经验，不断完善立法内容，给予立法部门建设性的意见，自下而上推进物流促进法立法工作实施。

附录 A 物流业相关法律

名称	颁布时间	修订/修正时间	部门
中华人民共和国民法典	2020		全国人民代表大会
中华人民共和国公司法	1993	2018 年第四次修正	全国人民代表大会
中华人民共和国土地管理法	1986	2019	全国人民代表大会
中华人民共和国消防法	1998	2019	全国人民代表大会
中华人民共和国海商法	1992		全国人民代表大会常务委员会
中华人民共和国铁路法	1990	2015	全国人民代表大会
中华人民共和国安全生产法	2002	2014	人民代表大会常务委员会
中华人民共和国外商投资法	2019		人民代表大会常务委员会
中华人民共和国邮政法	1986	2015	全国人民代表大会常务委员会
中华人民共和国海关法	1987	2017	全国人民代表大会常务委员会
中华人民共和国环境保护法	1989	2014	全国人民代表大会常务委员会
中华人民共和国民用航空法	1995	2018	全国人民代表大会常务委员会
中华人民共和国合伙企业法	1997	2006	全国人民代表大会常务委员会

续表

名称	颁布时间	修订/修正时间	部门
中华人民共和国公路法	1998	2017	全国人民代表大会常务委员会
中华人民共和国个人独资企业法	1999		全国人民代表大会常务委员会
中华人民共和国反恐怖主义法	2015	2018	全国人民代表大会常务委员会

附录B　物流业相关行政法规

名称	颁布时间	修订/修正时间	部门
中华人民共和国内河交通安全管理条例	2002		国务院
中华人民共和国进出口关税条例	2003	2017	国务院
中华人民共和国国际海运条例	2001	2019	国务院
公路安全保护条例	2011		国务院
国内水路运输管理条例	2012	2017	国务院
铁路安全管理条例	2013		国务院
国务院关于促进流通业发展的若干意见	2005		国务院
国务院关于深化流通体制改革加快流通产业发展的意见	2012		国务院
国务院关于促进快递业发展的若干意见	2015		国务院
危险化学品安全管理条例	2002	2013	国务院
快递暂行条例	2019		国务院
外商投资国际货运代理企业审批管理办法	1995		国务院
中华人民共和国航道管理条例	1987	2008	国务院
中华人民共和国国际海运条例	2001	2016	国务院
中华人民共和国道路运输条例	2004	2019	国务院

续表

名称	颁布时间	修订/修正时间	部门
国务院办公厅转发国家发展改革委交通运输部关于进一步降低物流成本实施意见的通知	2020		国务院
国务院办公厅关于推进电子商务与快递物流协同发展的意见	2018		国务院
国务院办公厅关于进一步推进物流降本增效促进实体经济发展的意见	2017		国务院
国务院办公厅关于加快发展冷链物流保障食品安全促进消费升级的意见	2017		国务院
国务院办公厅关于转发国家发展改革委物流业降本增效专项行动方案（2016—2018 年）的通知	2016		国务院
国务院办公厅关于转发国家发展改革委营造良好市场环境推动交通物流融合发展实施方案的通知	2016		国务院
国务院关于印发物流业发展中长期规划（2014—2020 年）的通知	2014		国务院
国务院办公厅关于促进物流业健康发展政策措施的意见	2011		国务院
国务院办公厅转发交通运输部等部门关于推动农村邮政物流发展意见的通知	2009		国务院
国务院关于印发物流业调整和振兴规划的通知	2009		国务院
国务院办公厅转发交通运输部等部门关于加快道路货运行业转型升级促进高质量发展意见的通知	2019		国务院办公厅
国务院批转铁道部、国家物价局关于铁路短途客货运价调整方案的报告的通知	1985		国务院

续表

名称	颁布时间	修订/修正时间	部门
国务院关于合理地组织和运用机关、企业的货运汽车的指示	1957		国务院
中华人民共和国道路运输条例	2004	2019	国务院
国内水路运输管理条例（2017 修订）	2017		国务院
中华人民共和国道路运输条例	2004	2016	国务院
铁路货物运输合同实施细则（2011 修订）	2011		国务院
水路货物运输合同实施细则（2011 修订）	2011		国务院
放射性物品运输安全管理条例	2009		国务院
中华人民共和国国际货物运输代理业管理规定	1995		国务院
国务院办公厅关于治理商品过度包装工作的通知	2009		国务院办公厅
国务院办公厅转发《一九八六年——二〇〇〇年全国包装工业发展纲要》的通知	1986		国务院办公厅
国务院办公厅转发关于进一步改进商品包装减少经济损失的报告的通知	1985		国务院办公厅
国务院批转国家计委、国家经委关于做好外宾、华侨、港澳同胞的商品包装托运和邮寄工作的意见	1979		国务院
粮食流通管理条例（2016 修订）	2016		国务院
国务院办公厅关于加快发展流通促进商业消费的意见	2019		国务院办公厅
国务院办公厅关于进一步改革完善药品生产流通使用政策的若干意见	2017		国务院办公厅

续表

名称	颁布时间	修订/修正时间	部门
国务院办公厅关于深入实施“互联网+流通”行动计划的意见	2016		国务院办公厅
国务院办公厅关于推进线上线下互动加快商贸流通创新发展转型升级的意见	2015		国务院办公厅
国务院关于推进国内贸易流通现代化建设法治化营商环境的意见	2015		国务院
国务院办公厅关于加快发展流通促进商业消费的意见	2019		国务院办公厅
国务院办公厅关于进一步改革完善药品生产流通使用政策的若干意见	2017		国务院办公厅
国务院办公厅关于进一步加强疫苗流通和预防接种管理工作的意见	2017		国务院办公厅
国务院办公厅关于深入实施“互联网+流通”行动计划的意见	2016		国务院办公厅
国务院办公厅关于推进线上线下互动加快商贸流通创新发展转型升级的意见	2015		国务院办公厅
国务院关于推进国内贸易流通现代化建设法治化营商环境的意见	2015		国务院办公厅
国务院办公厅关于同意在上海等 9 个城市开展国内贸易流通体制改革发展综合试点的复函	2015		国务院办公厅
国务院办公厅关于促进内贸流通健康发展的若干意见	2014		国务院办公厅
国务院办公厅关于印发深化流通体制改革加快流通产业发展重点工作部门分工方案的通知	2013		国务院办公厅
国务院办公厅关于印发降低流通费用提高流通效率综合工作方案的通知	2013		国务院办公厅

续表

名称	颁布时间	修订/修正时间	部门
国务院关于深化流通体制改革加快流通产业发展的意见	2013		国务院
国务院办公厅关于加强鲜活农产品流通体系建设的意见	2011		国务院办公厅
国务院关于进一步深化化肥流通体制改革的决定	2009		国务院办公厅
国务院关于完善粮食流通体制改革政策措施的意见	2006		国务院
全国防控高致病性禽流感指挥部关于确保禽类及其产品正常流通秩序的通知	2005		国务院办公厅
国务院关于促进流通业发展的若干意见	2005		国务院
国务院批转商业部关于调整茶叶购销政策和改革流通体制意见的报告的通知	1984		国务院办公厅
国务院关于疏通城乡商品流通渠道扩大工业产品下乡的决定	1982		国务院办公厅
中华人民共和国海关对出口加工区监管的暂行办法（2011 修订）	2011		国务院
信息管理			
计算机软件保护条例（2013 修订）	2013		国务院
信息网络传播权保护条例（2013 修订）	2006	2013	国务院
中华人民共和国计算机信息系统安全保护条例（2011 修订）	1994	2011	国务院
国务院办公厅关于加快发展冷链物流保障食品安全促进消费升级的意见	2017		国务院办公厅
国务院办公厅关于推进电子商务与快递物流协同发展的意见	2018		国务院办公厅

附录C 物流业相关强制性国家标准

编号与名称	发布单位
GB 14192—2005 木材采伐运输安全通则	中华人民共和国国家质量监督检验检疫总局 中国国家标准管理委员会
GB 13392—2005 道路运输危险货物车辆标志	中华人民共和国国家质量监督检验检疫总局 中国国家标准管理委员会
GB 4387—2008 工业企业厂内铁路、道路运输安全规程	中华人民共和国国家质量监督检验检疫总局 中国国家标准管理委员会
GB 21966—2008 锂原电池和蓄电池在运输中的安全要求	中华人民共和国国家质量监督检验检疫总局 中国国家标准管理委员会
GB 18040—2019 民用运输机场应急救护设施配备	国家市场监督管理总局 中国国家标准管理委员会
GB 19160—2008 包装容器 危险品包装用塑料罐	中华人民共和国国家质量监督检验检疫总局 中国国家标准管理委员会
GB 18191—2008 包装容器 危险品包装用塑料桶	中华人民共和国国家质量监督检验检疫总局 中国国家标准管理委员会
GB 12463—2009 危险货物运输包装通用技术条件	中华人民共和国国家质量监督检验检疫总局 中国国家标准管理委员会
GB 19269—2009 公路运输危险货物包装检验安全规范	中华人民共和国国家质量监督检验检疫总局 中国国家标准管理委员会
GB 19359—2009 铁路运输危险货物包装检验安全规范	中华人民共和国国家质量监督检验检疫总局 中国国家标准管理委员会
GB 19270—2009 水路运输危险货物包装检验安全规范	中华人民共和国国家质量监督检验检疫总局 中国国家标准管理委员会

续表

编号与名称	发布单位
GB 19433—2009　空运危险货物包装检验安全规范	中华人民共和国国家质量监督检验检疫总局 中国国家标准管理委员会
GB 23240—2009　感染性物质航空运输规范	中华人民共和国国家质量监督检验检疫总局 中国国家标准管理委员会
GB 14371—2013　危险货物运输爆炸品的认可和分项程序及配装要求	中华人民共和国国家质量监督检验检疫总局 中国国家标准管理委员会
GB 13851—2019　内河交通安全标志	国家市场监督管理总局 中国国家标准管理委员会
GB 18565—2016　道路运输车辆综合性能要求和检验方法	中华人民共和国国家质量监督检验检疫总局 中国国家标准管理委员会
GB 18180—2010　液化气体船舶安全作业要求	中华人民共和国国家质量监督检验检疫总局 中国国家标准管理委员会
GB 11602—2007　集装箱港口装卸作业安全规程	中华人民共和国国家质量监督检验检疫总局 中国国家标准管理委员会
GB 18434—2001　油船油码头安全作业规程	中华人民共和国国家质量监督检验检疫总局
GB 16994.2—2021　港口作业安全要求　第2部分：石油化工库区	国家市场监督管理总局 国家标准化管理委员会
GB 19432—2009　危险货物大包装检验安全规范	中华人民共和国国家质量监督检验检疫总局 中国国家标准化管理委员会
GB 13042—2008　包装容器　铁质气雾罐	中华人民共和国国家质量监督检验检疫总局 中国国家标准化管理委员会
GB 19434—2009　危险货物中型散装容器检验安全规范	中华人民共和国国家质量监督检验检疫总局　中国国家标准化管理委员
GB 20300—2018　道路运输爆炸品和剧毒化学品车辆安全技术条件	中华人民共和国国家质量监督检验检疫总局 中国国家标准化管理委员会

续表

编号与名称	发布单位
GB 29753—2013　道路运输　食品与生物制品冷藏车　安全要求及试验方法	中华人民共和国国家质量监督检验检疫总局 中国国家标准化管理委员会
GB 21668—2008　危险货物运输车辆结构要求	中华人民共和国国家质量监督检验检疫总局 中国国家标准化管理委员会
GB 20300—2018　道路运输　爆炸品和剧毒化学品车辆安全技术条件	中华人民共和国国家质量监督检验检疫总局 中国国家标准化管理委员会
GB 36220—2018　运油车辆和加油车辆安全技术条件	国家市场监督管理总局 中国国家标准化管理委员会
GB 31605—2020　食品安全国家标准　食品冷链物流卫生规范	国家卫生健康委 市场监管总局

参 考 文 献

[1] 黄逸昆，王继梅．“智能+网联”背景下物流业发展问题与优化方案［J］．商业经济研究，2021（5）：98－100.

[2] 李睿琪，李响．中小型物流企业在物流标准化建设中的问题及对策研究［J］．中国标准化，2021（3）：172－174.

[3] 《中小企业促进法》为科技型中小企业发展保驾护航［J］．华东科技，2021（2）：28－30.

[4] NORRMAN A，HENKOW O. Logistics principles vs. legal principles：frictions and challenges. International journal of physical distribution & logistics management. 2014（10）：744－767.

[5] HONNOLD J O, CHENG C J. Clive M. Schmitthoff's select essays on international trade law［J］. The American journal of internation law, 1991, 85(1):247.

[6] WALKER D M. The Oxford companion to law［M］. New York：Oxford University Press，1980：739.

[7] KEMP E，KOPP S W，KEMP E. Six days on the road：will I make it home safely tonight？examining attitudes toward commercial transportation regulation and safety［J］. The international journal of logistics management. 2013（2）：210－229.

［8］OLANDER M，NORRMAN A. Legal analysis of a contract for advanced logistics services［J］. International journal of physical distribution & logistics management. 2012（7）：673－700.

［9］PETERS M J, LIEB R C, RANDALL H L. The use of third－party logistics by European industry［J］. Transport logistics, 1998, 1（3）：167－179.

［10］BOCCHINI R，GAMBINO A M. I contratti di somministrazionee di distribuzione［M］. Totino：Utet Giuridica, 2011.

［11］BOYSON S，CORSI T，DRESNER M，et al. Managing effective third party logistics relationships：what does it take？［J］. Journal of business logistics. 1999，20（1）：73－100.

［12］蔡婕. 我国物流业“促进型”立法研究［D］. 大连：大连海事大学，2015.

［13］陈彬. WTO 体制对我国物流法律制度发展的影响［J］. 国际经贸探索. 2008（4）：69－76.

［14］陈昶屹. 论“促进型立法”的形成背景［J］. 北京行政学院学报，2005（1）：65－68.

［15］陈梁，梁咏. 浅谈入世后外商投资中国国际海上货运代理业的法律问题，复旦学报（社会科学版）：2004，3：117－124.

［16］陈倩欣. 地方促进型立法研究［D］. 长沙：湖南师范大学，2020.

［17］陈倩欣. 我国促进型立法的宪法分析［J］. 传播与版权，2019（6）：181－183.

［18］范成博. 供给侧结构性改革背景下我国物流行政管理法律问题分析［J］. 中国市场，2017（23）：92，93+101.

[19] 伏兆倩. 现代物流法律制度的现状与完善研究 [J]. 法制与经济，2020（7）：62－64.

[20] 郭俊. 如何做好“促进型立法”工作 [J]. 人大研究，2008（2）：29－32.

[21] 何黎明. 推进物流业高质量发展面临的若干问题 [J]. 中国流通经济，2018，32（10）：3－7.

[22] 贺梦蝶. 我国物流法律制度的立法探讨 [D]. 桂林：广西师范大学，2019.

[23] 狐承志. 规范物流法律体系促进物流经济健康发展 [J]. 中国物流与采购，2018（23）：71－72.

[24] 胡志斌. 我国物流业发展推进体制和政策体系问题研究[J]. 物流工程与管理，2013（4）：66－67.

[25] 胡晓翔.《基本医疗卫生与健康促进法》的核心价值初探[J]. 南京医科大学学报（社会科学版），2020，20（5）：397－401.

[26] 黄鹏. 我国物流法律法规现状及发展趋势 [J]. 中小企业管理与科技（下旬刊），2017（11）：77－78.

[27] 贾克慧. 我国物流促进法立法研究 [D]. 北京：北京交通大学，2017.

[28] 蒋冬梅. 循环经济促进法的生态化路径研究 [J]. 学术论坛，2013，36（8）：97－100.

[29] 孔璟雯. 促进型经济立法的法技术构造 [D]. 宁波：宁波大学，2012.

[30] 李佳穗. 试论我国现代物流业法律体系的完善 [J]. 中国商贸. 2011（8）：147－148.

[31] 李龙亮. 促进型立法若干问题探析 [J]. 社会科学辑刊，2010（4）：110－113.

[32] 李明明. 浅谈我国现代物流业发展中存在的问题及对策[J]. 商业经济，2017（3）：86－88.

[33] 李锐. 论建立完善我国物流法律体系 [J]. 商场现代化. 2010（7）：107.

[34] 李松庆. 构建我国物流法律法规体系的思路 [J]. 中国物流与采购. 2004（4）：49.

[35] 李学强. 我国物流法规建设中的问题及建议 [J]. 物流科技. 2010（9）：52－54.

[36] 李艳芳. “促进型立法”研究[J]. 法学评论，2005（3）：100－106.

[37] 立新，李殿罡. 简论促进型立法 [J]. 吉林人大，2012（4）：26.

[38] 刘戈. 国际物流管理法律研究[D]. 大连：大连海事大学，2005.

[39] 刘济澄，唐清利，刘芷茗. 信息时代我国物流立法的现状问题及其趋势 [J]. 物流技术. 2013，32（2）：41－43.

[40] 刘小勤，李阳阳. 《基本医疗卫生与健康促进法》的立法思考：以公民健康权为视角 [J]. 中国卫生法制，2021，29（1）：27－30，87.

[41] 刘昕悦. 我国逆向物流的立法研究[D]. 哈尔滨工程大学，2013.

[42] 刘艳艳. 关于完善我国物流法制的思考 [J]. 法制与社会. 2011（7）：68，71.

[43] 刘正毓. 日本现代物流业发展对我国的启示 [J]. 物流工程与管理. 2009，31（8）：107－109.

[44] 柳正江. 浅析我国现代物流服务法律体系化及存在的问题[J]. 科技信息. 2011（20）：542，545.
[45] 罗英. 供给侧结构性改革背景下的质量促进型立法研究[J]. 求索，2017（9）：125－133.
[46] 马瑞麟. 促进型立法浅论 [J]. 南方论刊，2007（6）：40－41.
[47] 孟琪. 完善我国物流法律规范体系的建议研究 [J]. 中国商贸. 2008（11）：103－104.
[48] 孟琪. 物流法教程 [M]. 上海：复旦大学出版社，2010：2.
[49] 孟琪. 浅析美国物流业发展状况对我国的启示 [J]. 中外企业家，2019（2）：43－44.
[50] 彭心. 完善中国现代物流立法的思考 [J]. 经济与管理. 2009（23）：11.
[51] 齐恩平，王立争. 物流法律制度研究 [M]. 天津：南开大学出版社. 2009：22.
[52] 强永华. 浅析我国物流法律体系存在的问题 [J]. 法制博览，2019（21）：252.
[53] 乔新蓉. 基于《循环经济促进法》的资源型城市循环经济发展现状与路径 [J]. 长春师范大学学报，2020，39（9）：51－55.
[54] 尚建珊，李爱华. 外国物流法律制度借鉴 [J]. 中国物流与采购. 2007（18）：70－71.
[55] 舒真. 试论我国物流法律体系的完善[J]. 中国商贸. 2011（9）：140－141.
[56] 苏彩. 现代物流法律制度的探索与研究 [J]. 物流科技. 2013（9）：120－121.

[57] 孙丽丽. 推进现代物流业建设法制创新研究：以太原市为例 [J]. 经济问题，2016（7）：81－84，109.

[58] 孙苗苗，张智光. 我国物流法律制度构建的系统论思考冲突－准据双层体系 [J]. 商业经济研究，2016（11）：122－124.

[59] 汤晨彬，张朝俊. 如何完善我国物流行业的相关法律法制 [J]. 中国商贸. 2010（20）：131－132.

[60] 唐亮. 我国物流法律制度完善研究 [J]. 物流科技，2021，44（1）：24－26.

[61] 王传涛. 立法阅读促进型立法的积极尝试 [N]. 法制日报，2013－08－05（7）.

[62] 王海燕. 促进型立法的“误解”[N]. 解放日报，2013－08－27（11）.

[63] 王健. 物流立法促进行业发展 [J]. 中国物流与采购. 2011（4）：38－40.

[64] 王景，邹强. 我国物流法律体系构建初探 [J]. 中国物流与采购，2021（1）：36－37.

[65] 王磊. 民办教育促进法实施研究 [J]. 法制博览，2020（27）：68－69.

[66] 王微，邓丹萱. 影响我国物流业发展的体制机制障碍及改革思路 [J]. 经济研究参考. 2011（40）：65.

[67] 王铮. 物流定性与法律适用问题研究 [J]. 现代经济信息，2016（22）：295.

[68] 王正宙. 我国物流法规建设中的问题及发展建议探讨 [J]. 经贸实践，2015（7）：267－268.

[69] 魏方. 科学完善我国物流法律法规体系 [J]. 中国物流与采购. 2007 (7): 70-71.

[70] 魏际刚. 中国物流业发展的八大问题和七大趋势 [J]. 大陆桥视野, 2020 (11): 41-47.

[71] 魏际刚. 中国物流业发展的现状、问题与趋势 [J]. 中国经济报告, 2019 (1): 55-61.

[72] 温勇. 健康促进的概念及领域: 对《基本医疗卫生与健康促进法》"健康促进"部分的解读 [J]. 人口与健康, 2020 (8): 25-29.

[73] 我国卫生与健康领域第一部基础性、综合性的法律 《中华人民共和国基本医疗卫生与健康促进法》[J]. 江苏卫生保健, 2020 (8): 57.

[74] 乌玉洁. 我国物流业的现状及法律环境体系的构建 [J]. 中国市场. 2008 (10): 14-15.

[75] 吴迪. 我国物流法律制度完善研究 [J]. 中国物流与采购, 2020 (5): 73-74.

[76] 奚小龙. 我国物流法律体系存在的问题及完善策略 [J]. 法制博览, 2021 (7): 175-176.

[77] 夏锦文. 日本物流业发展对我国的启示 [J]. 中国流通经济. 2011 (8): 36-39.

[78] 相悦丽, 迟桂华, 方芳. 论我国物流立法 [J]. 物流科技. 2009 (5): 7-9.

[79] 邢虎松. 城市物流业规划存在的主要问题及对策 [J]. 北京交通大学学报 (社会科学版), 2020, 19 (4): 110-115.

[80] 徐春燕. 经济法视域下我国现代物流法律问题研究 [J]. 商业经济研究，2015（34）：112－113.

[81] 杨府博. 浅论我国物流法律制度的问题及完善 [J]. 中国物流与采购，2020（10）：57－58.

[82] 杨国柱. 政府支持物流业发展存在的问题及对策研究 [D]. 青岛大学，2017.

[83] 杨树龙. 构建我国物流法律法规体系的思路 [J]. 农村经济与科技，2018，29（18）：281，283.

[84] 杨奕，智静，李艳萍，等.《中华人民共和国清洁生产促进法》实施中存在的问题及完善途径 [J]. 环境工程技术学报，2021，11（2）：378－384.

[85] 叶祥丽. 浅谈我国物流法律的现状与发展 [J]. 知识经济. 2013（18）：109.

[86] 殷嘉豪. 物流产业发展中法律及制度创新问题研究 [J]. 物流技术，2017，36（2）：23－25，55.

[87] 张宝忠，杨刘保.《基本医疗卫生与健康促进法》的三个维度：基于以人民为中心的视角 [J]. 长春市委党校学报，2020（5）：12－16.

[88] 张敏. 我国物流法律私法体系之建构 [D]. 大连：大连海事大学，2012.

[89] 张希倩. 物流法律法规的重要性研究 [J]. 法制与社会，2020（11）：39－40.

[90] 张新桥. 略论我国物流法律体系的构建 [J]. 商场现代化. 2007（1）：124－125.

［91］张璇嶷. 促进型经济立法研究［D］. 太原：山西大学，2012.
［92］张一童，常瑜. 我国现代物流业发展问题研究［J］. 中国乡镇企业会计，2016（11）：157－158.
［93］张永坚. 国际货物运输法的发展［J］. 海商法研究. 2006（12）：230.
［94］张长青，孙林. 物流法教程［M］. 北京：法律出版社. 2009：28.
［95］张长青. 中国物流法律体系的构建与完善［J］. 物流技术. 2009（7）：55－57.
［96］赵丽，吴卫国. 关于加强促进型立法工作的思考［J］. 公民导刊，2010（9）：36－38.
［97］赵林度. 中国物流研究现状及发展趋势［J］. 物流研究，2020（1）：1－10.
［98］郑曙光. 地方立法中促进型立法探析：以浙江地方立法实践为分析视角［J］. 宁波大学学报（人文科学版），2019，32（1）：114－121.
［99］郑泽宇，陈德敏. 乡村振兴的立法考量：基本法与促进法的视角［J］. 广西社会科学，2020（8）：108－114.
［100］周建敏. 日本物流立法及其启示［J］. 物流研究. 2011（10）：29－30.
［101］周维栋.《中华人民共和国农业机械化促进法》解读［J］. 农村经济与科技，2021，32（2）：240－241.
［102］朱坤福. 电子商务时代的物流发展分析［J］. 中国储运，2021（4）：136－137.

［103］祝瑾，高鹏.《基本医疗卫生与健康促进法》下的新健康观［J］.法治与社会，2021（2）：58－59.

［104］邹晓美.我国物流立法存在的问题及其完善对策［J］.中国流通经济，2010（6）：65－68.